一流シェフが教える

家庭でおいしくできる
はじめてのフレンチ

「ル・ブルギニオン」
菊地美升

フランス料理にどんな印象をお持ちですか？
「難しそう」とか、「家でつくるのではなく、レストランで食べる料理」
などと思う方もいるかもしれません。
でも、"フランス料理＝おいしい料理"という
印象をお持ちの方も多いのではないでしょうか。
この本では、フランス料理のおいしさがどんなふうに生まれるのかを、
ご家庭向きのレシピで、はじめての方にもわかりやすくお教えします。

メニューを考えるにあたってイメージしたのは、
フランスの家庭の週末のランチです。
家族や友人同士が集まって共にテーブルを囲み、
おしゃべりをしながら食事を楽しむ——
そんなときに召し上がっていただきたい料理を集めてみました。
ボリューム満点の肉のメインディッシュ、
一度にたくさんつくれて翌日もおいしい煮込み料理、
ワインによく合うしゃれた魚介料理、
野菜のおいしさを素直に味わうオードブルやポタージュ、
おなかいっぱいでも食べたくなる口溶けのよいデザート。
種類豊富なメニューをたっぷりと収めてありますので、
特別な日だけでなく、ふだんの食卓にも、
いつものワインをもっとおいしく飲みたいときにもお役立ていただけます。

僕の店「ル・ブルギニオン」の料理を
ご家庭向きにアレンジしたレシピも数多く掲載しました。
アレンジにあたっては、家庭用のフッ素樹脂加工フライパンを購入し、
食材はスーパーマーケットで買えるものだけを使い、
何度も試作を重ねて、妻や息子たちにも試食をしてもらいました。

2、3品つくると、フランス料理のシンプルさと明瞭さに
きっと気づいていただけます。
そして、同じ料理を二度三度とくり返しつくるうちに、
素材への塩のふり方やタイミング、
フライパンでの焼き方が違ってくることでしょう。
難しいなどという先入観は脇に置いて、
気負わずに、純粋に料理することを楽しんでいただけるとうれしいです。

菊地美升

目　次

おいしさをつくるフランス料理の4つの法則　6

調味料について　8

part *1*

肉料理

Viandes et Volailles

豚肉のポーピエット　10

豚肉のロースト グラタン・ドフィノワ添え　14

ビーフストロガノフ　18

鶏むね肉のコルドン・ブルー　22

豚スペアリブとごぼう、キャベツの煮込み　26

ステーク・フリット　30
　●ステーキに合うソース　33

チキンマカロニグラタン　34

ブフ・ブルギニオン（牛肉の赤ワイン煮）　38
　●ブール・マニエについて　41

鶏もも肉のクリーム煮　42

ラムのソテーと野菜のクスクス　44
　●スムール（クスクス）について　47

鶏もも肉の香草パン粉焼き　48

豚肉のリエット　50
　●ミルポワについて　53

レバーのプルーン煮　54

part *2*

魚介料理

Poissons, Crustacés et Coquillages

真鯛のポワレとラタトゥイユ　58

サーモンのソテー アーモンドソース　62

ほたて貝のポワレ
キャベツのバター煮添え　63

たらのブランダード　66

いわしのベーニェ　67

いかのセート風煮込み　70
　●アイヨリマヨネーズについて　73

真鯛のセビーチェ風　74

ほたて貝とサーモンのタルタル
かぶのミルフィーユ仕立て　75

かきのブルゴーニュ風　78
　●エスカルゴバターについて　80

あじのエスカベッシュ　79

魚介のパエリア　82

part 3
野菜料理とスープ
Légumes et Potages

サラダ・クリュディテ
（3種のサラダの盛り合わせ）　86
　◉フレンチドレッシングについて　87

お米のサラダ　88

じゃがいもとえびのズッキーニ巻き　90

きのこのマリネ　92

スペイン風オムレツ　94

野菜といわしの南仏風重ね焼き　95

とうもろこしのポタージュ　98

あさりと根菜のミネストローネ　102
　◉バジルオイルについて　104

オニオングラタンスープ　103

ほうれん草とめかじきのキッシュ　106

なすのタルティーヌ　110

part 4
デザート
Desserts

赤ピーマンのプリン　114

ムース・オ・ショコラ　118

桃のコンポート　122

クレーム・ダンジュ　123
　◉ベリーソースについて　125

バナナのキャラメリゼ　126

Colonne

フライパンと鍋について　56

器と盛りつけについて　84

僕が毎年フランスに行く理由　112

本書の決まり
* 大さじ1は15mℓ、小さじ1は5mℓ、1合は180mℓです。
* つくり方に記載している火力、温度、加熱時間は目安です。お使いの調理器具や環境によって変わりますので、様子をみて調整してください。
* 材料に小麦粉と表記している場合は、強力粉でも薄力粉でもどちらを使っても大丈夫です。
* フォンとブイヨンについて：レストランでは、和食の「だし」に相当するフォンやブイヨンを数種類ひいてストックし、料理に合わせて使い分けます。家庭では難しいため、この本ではくせのない中華料理用の鶏ガラスープの素（顆粒）で代用しました。化学調味料を含まないものがおすすめです。

おいしさをつくる
フランス料理の4つの法則

難しいと思われがちなフランス料理ですが、おいしさを生み出す法則は意外にもシンプル。
4つのポイントをおさえるだけで、あなたの料理は確実においしくなります。
どれも家庭で無理なく実践できることばかりです。

1
塩で素材の味とうまみを
引き出す

塩は味つけのための調味料であると同時に、素材の味とうまみを引き出す重要な役割を果たします。肉や魚には調理前に軽く塩をふって、余分な水分とくさみを抜きます。これにより素材が本来持っている味が際立ち、うまみも前面に出てきます。野菜を炒めるときにもその都度塩をふって余分な水分を抜くことで、素材の味がぐっと引き締まり、味もうまみも濃くなります。「最初にふる塩は素材のうまみを引き出す塩。あとからふる塩は味つけの塩」と覚えておくとよいでしょう。

2
炒めた玉ねぎを甘みの
ベースにする

料理の味は、塩気や酸味に甘みが加わることで厚みが増します。和食では甘みづけにみりんや砂糖を使いますが、フランス料理にはみりんのような調味料はなく、砂糖を使う習慣もありません。その代わりに、炒めた玉ねぎの甘みを利用します。玉ねぎは生では辛みも苦みも強いのに、しんなりするまで炒めると甘くなり、キャラメル色になるまで炒める（＝オニオンキャラメリゼ）とさらに甘みが増します。その甘みがフランス料理のおいしさを底で支えているのです。

3

こんがりと焼いて
コクを出す

素材を焼くときに少し強めの火加減で触らずにおくと、こんがりと茶色に色づきます。フランス料理では、焼き色をつけることで生まれる香ばしさを"コクとうまみの素"として生かします。色づけるか否かで仕上がりの味は大きく変わり、色づけるとコクやパンチが出て、色づけないとあっさりとやさしい味になります。和食ではしょうゆやみそで味の深みやコクを出しますが、フランス料理では香ばしい焼き色がそうした調味料の役割も担っているのです。

4

こびりついたうまみを
こそげ取って生かす

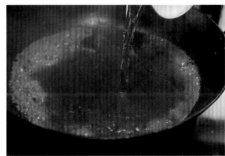

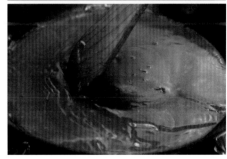

素材を香ばしく焼くことの効果を3で説明しましたが、そのときに使ったフライパンや鍋は、素材の一部や焼き汁がこびりついて同じように茶色くなっています。フランス料理では、この茶色いこびりつきをワインや水でこそげて溶かし、煮汁に加えてコクやうまみとして生かします（＝デグラッセ）。素材から出たものはフルに生かして無駄なく使うのです。ただし、肉を焼いた後、フライパンにたまった脂は捨ててからこそげることをお忘れなく。

調味料について

家庭でフランス料理をつくるのに必要な、8つの材料とその使い方を紹介します。
これだけそろえておけば、この本のすべての料理に対応でき、
日々のおかずづくりにも役立ちますので、常備してはいかがでしょう。

塩

伝統製法でつくられた塩を使います。フライパンでから炒りしてサラサラにしておくと、素材の薄い部分には微量、厚い部分や皮・脂には多めと量を細かく調節できます。粗い結晶塩は盛りつけ後の肉などにふってインパクトを与えます。

オイル

加熱調理にはピュアオリーブオイル（またはくせのない植物油）、仕上げにかけて風味を生かす場合はエクストラバージンオリーブオイルを使います。ドレッシングやマヨネーズ、揚げ油には、くせのない植物油（サラダ油など）が適しています。

ビネガー

赤と白の2種類のワインビネガーがあると使い分けを楽しめますが、片方だけでもかまいません。赤はぶどうの皮のうまみとコクがあり、白はさらりと軽やかでマヨネーズやドレッシングづくりに重宝します。

ワイン

調理用ワインは高いものを少量使うより、安いものをたっぷりと使うほうが効果的です。ただし安くても、赤ならコクとボディがあるもの、白なら酸味がしっかりとあるものを選びましょう。

バター

料理にもデザートにも食塩不使用バターを使います。加熱調理に使う場合は、最初から入れると焦げやすいので後半に加えます。保存中は冷蔵庫内のさまざまなにおいを吸収しやすいので、きちんと密封してください。

生クリーム

植物性のクリームではなく、牛乳を原料とするものを選んでください。この本で使っているのは乳脂肪分47％のもの。薄いものを大量に入れて煮詰めるより、濃いものを少量使うほうが時間がかからず、効果的です。

ハーブ

万能なのは、タイムとローリエ。素材を選ばず、穏やかに香り、肉や魚のくさみ消しにもなります。タイムはドライだと効力がなく、フレッシュをおすすめします。なければ、ローリエ（ドライでもOK）だけでよいでしょう。

スパイス

コリアンダーシード（手前）、クミンシード（左）、カレーパウダー（右）が使い勝手がよく、おすすめです。3種とも肉、魚、野菜のすべてに使え、強めに香らせても隠し味的にかすかに香らせても様になります。

part 1

肉料理

Viandes et Volailles

かたまりのままジューシーに焼く、
ほろほろに崩れるまで煮込む、
中に具を詰めて巻く、
たたきのばして具をはさむなど、
肉料理はみんなをワクワクさせる楽しさにあふれています。
おもてなしに、週末のランチに、ふだんの晩ごはんに、
さまざまなシーンに役立つ13品をご紹介します。

豚肉のポーピエット

豚バラスライス肉でひき肉のハンバーグだねを巻き、
トマトソースでこっくりと煮込んだごちそう感満点の一品です。
こんなふうに薄切り肉で具材を巻いて仕立てる料理を
フランス料理では"ポーピエット paupiette"と呼びます。
肉だねを別の肉で巻くことにハードルの高さを感じるかもしれませんが、
ラップを使えばかんたん。何より、外側のバラ肉の
カリッと焼けた香ばしさと、内側の肉だねのジューシーさの両方を
味わえるのが魅力です。トマトソースで煮込んだ料理には、
パンよりもパスタを添えたくなります。写真のフェットチーネのほか、
ペンネなどのショートパスタ、また白いごはんにもとてもよく合います。

材料（2人分）

ポーピエット

　豚バラ肉（スライス）… 6枚

　豚ひき肉 … 100g

　玉ねぎ … ¼個

　パン粉 … 5g

　牛乳 … 15g

　溶き卵 … ⅓個分

トマトソース

　玉ねぎ … ⅕個

　にんにく … 1かけ

　トマトの水煮（ダイス）

　　… ½缶（200g）

タイム … 2～3枝

ローリエ … 1枚

フェットチーネ … 適量

塩・こしょう・オリーブオイル

　… 各適量

下準備

・豚バラ肉は半分の長さに切る。

・パン粉は牛乳に浸す。

・玉ねぎはみじん切りにする。

・にんにくは半分に切って芯を取る。

トマトソースをつくる
鍋にオイル大さじ2、にんにくを入れて弱火にかける。

鍋を傾けてオイルににんにくが浸るようにすると、にんにくが焦げずに香りを移せます。

香りを十分に引き出したら、玉ねぎを入れて中火で炒める。

牛乳に浸したパン粉、溶き卵を順に加え、その都度むらなく練り混ぜる。

ラップを広げ、その上に豚肉3枚を少し重なるように並べる。**6**を4等分にし、空気を抜いて細長く成形し、豚肉の上にのせる。

ラップに豚肉を並べるときに肉の脂の部分が裏側にくるようにすると、焼いたときに脂が焼けて香ばしくなります。

中火で焼き、巻き終わりがくっついたらときどき転がしながら全面を香ばしく色づける。

この後トマトソースで煮込まず、このまま食べてもおいしいです。その場合は中までしっかり火を通しましょう。

4のソースに**11**の肉を入れる。

3

しんなりとしたらトマトの水煮を加え、ときどき混ぜながらトロリとするまで15分ほど煮る。

トマトソースは鍋底が焦げやすいのでときどき混ぜましょう。

4

トマトソースの完成。

このトマトソースは他の肉類や魚介類を煮込むなど、さまざまに応用できます。

5

ポーピエットをつくる

ひき肉に塩2g、こしょう少々、玉ねぎを合わせて手でよく練る。

8

手前のラップを持ち上げながら、くるくると巻く。

1回転した後はラップを巻き込まないように。巻きずしを巻く要領と同じです。ラップを使うと巻きやすく、仕上がりもきれいです。

9

ラップでぴったりと包み、両端をねじって下に折り込む。これを4本つくり、冷蔵庫で最低15分冷やす。

両端を押さえたまま肉を調理台の上で手前に何度か転がすと、形を崩さずに両端をきつくねじれます。

10

<u>9</u>に塩、こしょうをふる。フライパンにオイル小さじ1を熱し、巻き終わりを下にして並べ入れる。

13

水をひたひたに加え(100ml程度)、タイム、ローリエを加え、ふたをして強火にかける。沸騰したら火を弱め、合計12分ほど煮る。味を見て必要なら塩を加え、味がなじんだら完成。ゆでたフェットチーネとともに盛る。

煮込みすぎると肉がかたくなるので注意しましょう。

豚肉のロースト グラタン・ドフィノワ添え

かたまり肉をフライパンでローストしてみましょう。

ここで紹介するのは薄い肉を焼く方法ではなく、厚さ3cm以上の肉を

じっくりと時間をかけて中心までしっとりと火を入れる方法です。

強く意識してほしいのは、直接的な熱で「ソテーする」のではなく、

オーブンの中で全方向からじんわりと熱が伝わるかのように

「温める」イメージで肉と向き合うこと。火通りの見極めは

プロでも難しく、失敗を重ねた末に習得していきます。

つけ合わせたグラタン・ドフィノワは、いわばじゃがいものグラタンです。

フランス南東部のドーフィネ地方の郷土料理で、

肉のローストのつけ合わせの定番です。

材料（4人分）

豚ロース肉（3cmの厚切り）
　…　300g×2枚
グラタン・ドフィノワ
　じゃがいも（メークイン）
　　…　2個（300g）
　生クリーム（乳脂肪分47%）
　　…　100mℓ
　牛乳　…　約160mℓ
　チーズ（シュレッド）…　適量
バター　…　大さじ1
ベビーリーフ　…　適量
マスタード　…　適量
塩・結晶塩　…　各適量

下準備

・豚肉は焼く30分前に冷蔵庫か
　ら出して室温にもどす。全体に
　塩をふり、水分が出たらペーパー
　タオルで拭き取る。
・じゃがいもは皮をむいて5mm厚
　さの輪切りにし、水にさらす。

表面のでんぷんを水で流しておくと、
いも同士がくっつきにくくなります。

グラタン・ドフィノワをつくる
鍋にじゃがいも、生クリームを入
れ、牛乳をひたひたに注いで塩
をふたつまみ程度加える。

中火にかけ、沸騰したら弱火に
し、ふたをして15分ほど煮る。味
をみて足りないようなら、塩で味
をととのえる。

金串がすっと通るようになったら、火が
通ったサインです。

豚肉のローストをつくる
豚ロース肉の側面の脂に1.5cmく
らいの間隔で切り目を入れる。

切り目を入れると脂が溶け出しやすくな
り、肉のくさみも一緒に抜けます。

筋と脂のかたまり（バラ肉）を肉
から切り離す。

筋と脂が多いバラ肉は、赤身部分とは
火通りが異なる（火が通りにくい）ため、
切り分けます。

フライパンにたまった脂を捨て、
肉を倒して両面を焼く。ときどき
へらなどで肉を軽く押さえてすべ
らせ、むらなく焼く。

9の焼きはじめに肉に触れて肉質を確
かめておきます。最初はブヨブヨして
いますが、火が通るにつれて張りが出
て、焼き上がりにはパンパンになりま
す。

香ばしい焼き色がつき、肉に張り
が出たら、側面から中心に金串
を刺し、引き抜いて唇に当て、熱
いと感じれば焼き上がり。

7から**10**までの焼き時間は合計20分
ほど。

220℃のオーブンまたはオーブントースターで、表面に香ばしい焼き色がつくまで焼く。

グラタン皿（長さ27cm×幅15cm）に移し、チーズをたっぷりのせる。

この状態まで仕込んでおき、次の工程は5〜12の肉のローストの進行具合に合わせて行います。

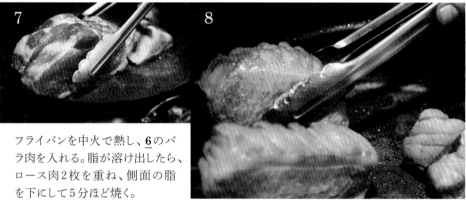

脂に香ばしい焼き色がついたら上下を返し、反対側の側面も1分ほど焼く。

切り分けたバラ肉も、ときどき向きを変えてまんべんなく焼きます。

フライパンを中火で熱し、6のバラ肉を入れる。脂が溶け出したら、ロース肉2枚を重ね、側面の脂を下にして5分ほど焼く。

トングで固定し、フライパンに押しつけて焼きます。ときどき傾けてカーブ部分ももれなく当て、しっかりと焼いて余分な脂を抜きます。

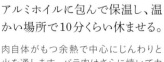

焼き上がってすぐは、まだ中心に火が通り切っていません（中を見せるために切っていますが、本来は切らずにホイルに包みます）。

アルミホイルに包んで保温し、温かい場所で10分くらい休ませる。

肉自体がもつ余熱で中心にじんわりと火を通します。バラ肉はさらに焼いてカリカリにしてから取り出します。

フライパンをきれいにしてバターを熱し、中火で肉を温めつつバターを全体になじませる。3等分に切って器に盛り、結晶塩をのせ、マスタードを添える。4をスプーンですくって盛り、ベビーリーフと2〜3等分に切ったバラ肉を添える。

3 / *Viandes et Volailles*

ビーフストロガノフ

ロシア料理として知られていますが、調理法はきわめてフランス料理的です。
味のベースは、じっくりとキャラメル色になるまで炒めた玉ねぎ
"オニオン キャラメリゼ"。そこに牛肉を焼いたときの
フライパンのこびりつきをワインで煮溶かして加える
"デグラッセ"の手法を併用してコクを出します。
レストランでは、さらにフォン・ド・ヴォーなどのだしを足しますが、
家庭料理なら使わなくて大丈夫。だしがない分、食べ飽きず、
ほっと安心できるやさしい味に仕上がります。最後に加える
コルニッション（小きゅうりのピクルス）の酸味とカリカリ感が絶妙なアクセント。
どなたにも失敗なくつくれるレシピですので、ぜひ気軽にお試しください。

材料(2人分)

牛こま切れ肉 … 160g

玉ねぎ(新たまねぎは使わない)

　… 1個

マッシュルーム … 4〜6個

コルニッション(小きゅうりのピクルス・

　市販) … 2本

白ワイン … 200㎖

生クリーム(乳脂肪分47%)

　… 25㎖

熱々のごはん … 適量

塩・こしょう・オリーブオイル

　… 各適量

下準備

・牛こま切れ肉は大きければ半
　分に切る。

・玉ねぎは繊維にそって薄切り
　にする。

・マッシュルームは石づきを落と
　し、ペーパータオルで汚れを
　拭き取る(水で洗うと香りが失
　われる)。縦に薄くスライスす
　る。

・コルニッションは細切りにす
　る。

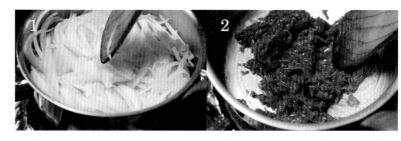

鍋にオイル大さじ1を熱し、中火
で玉ねぎを炒める。

焦げそうになったら鍋を火から外
したり、火を弱めたりしながら30
分ほど炒めてキャラメル色にする。

玉ねぎをキャラメルのように甘く香ばし
く炒めると味に奥行きとコクが出ます。
炒め足りないと味の深みが出ません。

煮詰まったら水100㎖を加えてし
ばらく煮る。

7の牛肉も加える。

生クリームを加えてひと混ぜし、
塩で味をととのえる。

3　マッシュルームを加える。

4　塩少々をふり、マッシュルームが
しんなりするまで炒める。

5　しみ出てきた水分がとんだら白ワ
インを加え、強火にしてアルコー
ル分をとばし、煮詰める。

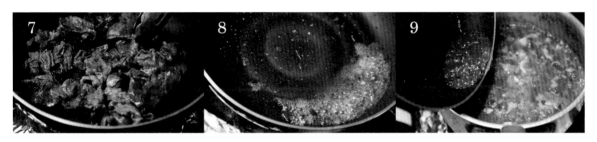

7　牛肉に塩、こしょうを軽くふる。フ
ライパンを中火で熱し、肉を1枚
ずつ広げて並べ入れる。色が変
わったら裏返し、色が変わるまで
焼いて取り出す。

8　フライパンに水少々を入れ、鍋肌
に焼きついたうまみをこそげて煮
溶かす。

9　8を6の鍋に加え、塩で軽く味を
ととのえる。

コルニッションを加えてさっと煮る。
ごはんとともに器に盛る。

鶏むね肉のコルドン・ブルー

薄くたたきのばした鶏肉でチーズとハムをサンドした、
いわばチキンチーズカツレツです。
伝統的には子牛肉を使いますが、今では鶏肉や豚肉でもつくります。
"コルドン・ブルー"というフランス語の直訳は"青いリボン"ですが、
転じて"腕利きの料理人"を意味する慣用句であり、
名人シェフのつくるようなおいしさということでその名がついたとか。
ともあれ、身近な素材で手軽にできて、
何よりおいしいこの料理をぜひつくってみてください。
揚げずに、焼いて火を通すので、大量の油を使わないところもご家庭向きです。
粗めのパン粉をつけると表面のカリッ、サクッとした食感が際立ち、
中でとろけたチーズとのコントラストが楽しめます。

材料(2人分)

鶏むね肉
　… 大1枚(200〜240g)
ロースハム … 4枚
スライスチーズ … 2枚
小麦粉 … 適量
溶き卵 … 適量
パン粉 … 適量
トマトソース(→p.12) … 大さじ4
ルッコラ … 適量
塩・こしょう … 各適量
オリーブオイル … 大さじ3

下準備
・鶏肉は使う30分前に冷蔵庫か
　ら出して室温にもどす。

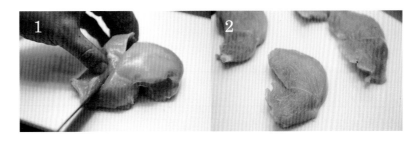

鶏むね肉は横長に置き、包丁を
斜めに傾けてそぎ切りにする。
1切れ50〜60gが目安。

そぎ切りにすると肉の表面積を大きくで
きます。

全部で4切れを切り出す(1人分
に2枚使用)。

チーズも**5**と同じように大きさを調
整してのせる。

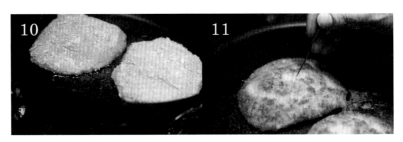

フライパンにオイルを熱し、**9**を
並べ入れて中火〜弱めの中火で
じっくりと焼く。

香ばしい焼き色がついたら返し、
肉に火が通ってチーズが溶ける
まで焼く。

中心に金串を刺し、少し待って引き抜
いて唇に当て、熱いと感じれば火が
通っています。

3	4	5

肉をラップではさみ、ワインや
ビールの空きびん（あれば肉たた
き）でたたいてのばす。

12cm四方を目安にのばす。

ハムとチーズをのせても、周囲にのりし
ろの余白が残るくらいの大きさが必要
です。

ロースハムを肉よりもひとまわり小
さい正方形に切って肉の中央に
のせ、切れ端ものせる。

ロースハムをもう1枚同じようにの
せ、もう1枚の肉をかぶせる。

空気を抜いてはり合わせ、のり
しろ部分の肉同士を密着させる。
同じようにもう1組つくる。

両面に塩、こしょうをふる。小麦
粉をまぶして余分な粉をはたき
落とし、溶き卵にくぐらせ、パン
粉をしっかりとつける。

器に盛り、温めたトマトソースを
かけ、ルッコラを添える。

豚スペアリブとごぼう、キャベツの煮込み

スペアリブは焼いて食べることが多いものですが、
煮込みにも重宝する部位です。香ばしく焼いて余分な脂を落としてから
コトコト煮込むと、香ばしさが煮汁のコクになり、フォークを入れると
骨からほろりと外れるほど、やわらかくジューシーに仕上がります。
でも、実はこの料理の陰の主役は、ごぼうとキャベツ。
肉の味をたっぷりと吸い込んでねっとりとやわらかくなったごぼうと、
トロトロに甘く煮えたキャベツのおいしさは、煮込み料理の醍醐味です。
煮上がり直前に追い足すキャベツは、やわらかな食感の中に
シャキシャキとしたアクセントをきかせるためですから、
加えた後は煮すぎないよう注意してください。

材料(4人分)

スペアリブ（ハーフカット）
　… 8本(800g)

玉ねぎ … ½個

ごぼう … ½本

キャベツ … ½個

タイム … 8枝

ローリエ … 3枚

塩・こしょう・オリーブオイル
　… 各適量

下準備

・スペアリブに塩、こしょうをふ
　る。

・玉ねぎは繊維にそって薄切り
　にする。

・ごぼうはたわしで軽くこすって
　洗い、5cm長さに切って太けれ
　ば四つ割り、細ければ半割りに
　し、水にさらしてアクを抜く。

・キャベツは手で5～6cm大にち
　ぎる。

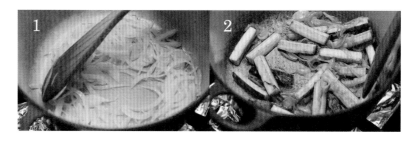

1　大きな厚手の鍋（鋳鉄製など）に
オイル大さじ1を熱し、中火で玉
ねぎをしんなりするまで炒める。

2　ごぼうを加え、香りが立つまでし
ばらく炒める。

6　**5**を**2**の鍋に並べ入れる。

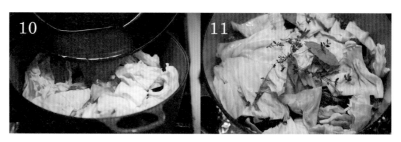

10　**8**を**9**の鍋に加える。

11　水500mlを加えて強火で煮立
てる。塩で味をととのえ、タイム、
ローリエを加える。

3

下準備したスペアリブから出た水分を、ペーパータオルで拭き取る。

水分には肉のくさみが含まれています。また、濡れたままでは香ばしい焼き色がつきにくいのでしっかり拭きます。

4

フライパンにオイル大さじ1を熱し、**3**を並べ入れて強火で焼きつける。

5

香ばしい焼き色が十分についたら向きを変え、全面に焼き色をつける。

色づけても煮込むと白くなるため、焦げる寸前までしっかりと焼いておきましょう。その香ばしさが料理の味の深みになります。

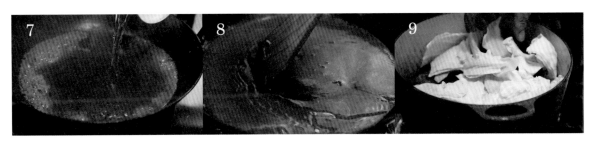

7

フライパンに残った脂を捨て、水少々を加える。

8

鍋肌に茶色く焼きついたうまみをこそげて煮溶かす（→ p.7：デグラッセ）。

9

6の鍋にキャベツの半量を敷き詰める。

12

肉がやわらかく、キャベツがくたくたになるまでふたをして弱火で1時間30分煮る。

13

残りのキャベツを加え、5分ほど煮る。

最後に加えたキャベツには火を通しすぎず、シャキシャキ感を半分くらい残すようにします。

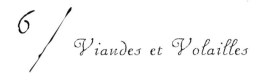

6/ *Viandes et Volailles*

ステーク・フリット

牛肉のステーキは、フランスのカフェやビストロでは"バベット bavette"と
呼ばれる部位をよく使いますが、ここでは、手に入りやすい
肩ロース肉を使います。二度揚げした"ポム・フリット pommes frites"、
いわゆるフライドポテトを添えるのが定番のスタイルです。
牛肉は厚さ1.5 cmのカットで焼き時間はわずか3〜4分。
大切なのは、肉を中心まで室温にもどすこと、そして、
余熱で火が通ることを見越して焼きすぎないこと。
ここ数年でアメリカやカナダ、オーストラリア産など、
求めやすい価格の輸入赤身牛肉の選択肢が一気に広がりました。
国産も含めて焼き比べて、好みの肉質や風味を探すのも楽しいでしょう。

材料(2人分)

牛肩ロース肉(厚さ1.5cmの
　ステーキ用カット) … 200g×2枚
シャリアピンソース
　玉ねぎ(みじん切り)
　　… 大さじ3
　にんにく(みじん切り)
　　… 小さじ1
　パセリ(みじん切り) … 小さじ2
　レモン汁 … 小さじ2
じゃがいも … 2個
塩・こしょう・オリーブオイル
　… 各適量
揚げ油 … 適量

下準備

・牛肉は焼く30分ほど前に冷蔵
　庫から出して室温にもどした
　後、全体に塩、こしょうをふる。

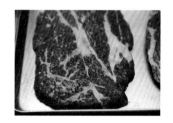

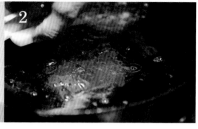

じゃがいものフリットをつくる
じゃがいもは皮をむいて芽を取り、
長さ5cm、1cm角の拍子木切りに
する。

揚げ油を150～160℃に熱し、**1**
を入れ、5分くらい揚げる。

ときどきすくい上げて空気に触れさせ
て、くっつかないようにしましょう。

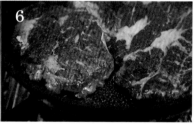

牛肉のステーキをつくる
下準備した牛肉から出た水分を、
ペーパータオルで拭き取る。

表面に水分がついていると焼き色がつ
きにくく、カリッと香ばしく焼けません。

フライパンを強火で熱し、温度が
安定したらオイル大さじ1を入れ、
牛肉を並べ入れる。触らずに2～
3分かけて香ばしく焼く。

工程**6**・**7**では、肉の厚みが薄い場合は
時間を短めに、厚ければ長めにして調
節してください。

4のじゃがいもを180～190℃に
熱した揚げ油で2分ほど揚げ、こ
んがりと色づいたら油をきり、塩
をふる。

二度揚げすることでカリッと香ばしくな
ります。ここでもときどきすくい上げて
空気に触れさせながら揚げましょう。

シャリアピンソースをつくる
7のフライパンの脂を捨ててオイ
ル大さじ1と½を足し、中火でに
んにくと玉ねぎを軽く炒める。し
んなりしたらパセリ、レモン汁を
加え、塩で味をととのえる。

3

ざるに上げて油をきる。

この段階では色づけず、白っぽいままで
すが、火は中心まで通っています。

4

ペーパータオルの上に広げ、余
分な油を取る。

7

焼き色がついたら上下を返し、1
分ほど焼く。

焼き上げた後の余熱も計算に入れ、返
してからは火を通しすぎないよう注意し
ましょう。

8

バットなどに網をのせ、牛肉をの
せて1〜2分休ませる。

休ませている間にも余熱で火が通り、しばら
くすると肉内部の温度が安定して、切っても
肉汁があふれ出なくなります。

11

器にステーキを盛り、**9**のフリット
を盛り合わせ、**10**のソースを肉
にかける。好みでフリットにマスタ
ード（材料外）をつけて食べる。

petite colonne

ステーキに合うソース

ここで紹介した、さっぱりしたシャリア
ピンソースのほか、p.80のエスカルゴ
バターをのせてもよいでしょう。また、ス
テーキを鉄製フライパンで焼く場合は、
肉を焼いたフライパンの焦げつきを赤
ワインで煮溶かして、シャリアピンソー
スに加えると、より味わいが深まります。

チキンマカロニグラタン

年齢を問わず、皆さんに大人気のマカロニグラタンを
鶏肉やきのこ入りの具だくさんレシピでご紹介しましょう。
グラタンの魅力は、クリーミーでなめらかなベシャメルソースに
あるといっても過言ではありません。ダマになりそうで難しいとか、
バターたっぷりでカロリーオーバーかも、などと皆さん心配しますが、
手順を追ってつくればダマになることはないし、バターは意外と少量。
上手につくる唯一のポイントは、小麦粉を混ぜる手を止めないこと。
粉が見えなくなってもしっかりと混ぜて火を通すことが、
口溶けのよさにつながります。チーズも、どうぞたっぷりとかけて。
共にテーブルを囲む人たちが、きっと笑顔になりますよ。

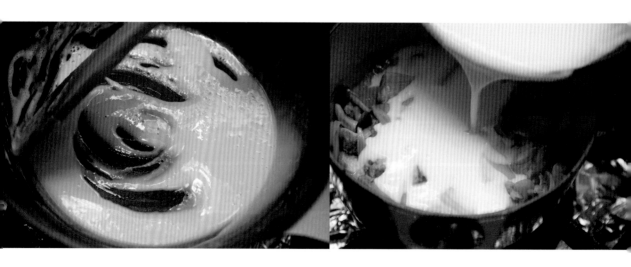

材料（4人分）

鶏もも肉 … 1枚（200g）

ベーコン（ブロック）… 120g

玉ねぎ … 1個

しめじ … ½パック

白ワイン … 100mℓ

ベシャメルソース

| バター … 30g

| 小麦粉 … 30g

| 牛乳 … 500mℓ

| ナツメグパウダー（あれば）

| … 少々

マカロニまたはペンネ … 100g

チーズ（シュレッド）… 適量

塩・こしょう・オリーブオイル

　… 各適量

下準備

・玉ねぎは2cm角に切る。しめじは根元を落として小房に分け、半分の長さに切る。ベーコンは3cm長さ、1cm角の拍子木切りにする。

・鶏肉の両面に塩、こしょうをふり、水分が出たらペーパータオルで拭き取る。

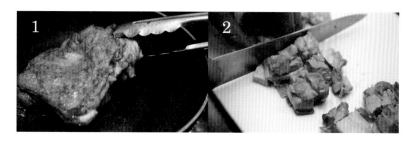

1
フライパンにオイル大さじ½を熱し、鶏肉を皮目から強めの弱火で焼く。こんがりと香ばしく色づいたら返し、2〜3分焼いてからふたをして火を消し、余熱で中まで火を通す。

2
1を食べやすい大きさに切る。

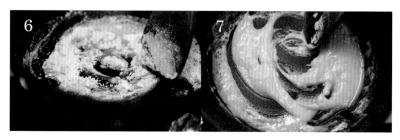

6
木べらでバターと粉を練り合わせるように混ぜながら加熱する。

7
粉が見えなくなっても、混ぜながら加熱し続ける。

鍋底に接した部分が焦げやすいので、へらでこすりながらしっかり混ぜます。焦げそうになったら火を弱めましょう。

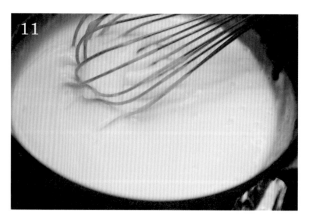

11
しっかりと濃度がついたら塩で味をととのえ、あればナツメグパウダーで香りをつける。

3
大きな鍋にオイル大さじ1を熱し、玉ねぎとしめじを入れ、塩少々をふって中火で炒める。しんなりしたらベーコンを加えて脂が出るまで炒める。**2**を加え、白ワインを注ぎ、アルコール分をとばして火を止める。

4
マカロニは塩を加えた熱湯で袋の表示通りにゆでる。ざるに上げ、くっつかないようにオイル少々をからめる。

5
ベシャメルソースをつくる
鍋にバターを入れて中火で熱し、溶け始めたら小麦粉を一気に加える。

8
3分ほど弱火で加熱し続けると、ねっとりしていた濃度がさらっとし、つやが出てくる。これが小麦粉に火が通ったサイン。

7のようにペースト状になっても加熱を止めず、小麦粉に完全に火を通します。ある時点で急にさらっとした状態に変わります。

9
火から外し、冷たい牛乳を一気に注ぐ。

温度差をなるべくなくすために、火から外して温度を下げます。

10
再び中火にかけ、沸騰するまで泡立て器で休まず混ぜ続ける。

最初にもしダマができてしまっても、混ぜ続けるうちになくなります。

12
3の鍋に**11**のベシャメルソースを加える。

13
4のマカロニも加え、全体を混ぜて塩で味をととのえる。

14
グラタン皿に盛り、オーブントースター（または220℃のオーブン）で加熱する。グツグツとしたら、チーズをたっぷりのせて香ばしく色づくまでさらに加熱する。

ブフ・ブルギニオン（牛肉の赤ワイン煮）

"ブフ・ブルギニオン bœuf bourguignon"とは、銘醸ワインの産地
ブルゴーニュ地方の名物料理、牛肉の赤ワイン煮のことです。
一般的には、肉を赤ワインで1日漬け込みますが、ご家庭で短時間で
つくりやすいよう、肉に小麦粉をつけてから表面を焼いて肉汁を閉じ込め、
煮汁にもとろみをつけて、味わいを濃く感じさせる工夫をしました。
レストランで用いるフォン・ド・ヴォーも、鶏ガラスープで代用します。
店の味にくらべるとあっさりめですが、飽きのこないほっとできる味です。
おいしさを分けるポイントは、安価でも味のしっかりしたワインを
たっぷり使うこと。仕上げに加えるベーコンと野菜は、定番のつけ合わせ。
平打ちのパスタ、マッシュポテト、ごはんなどを添えるのもおすすめです。

材料（4人分）
牛肩ロース肉（ブロック）… 800g
にんじん … 1本
玉ねぎ … 1個
赤ワイン … 600㎖
鶏ガラスープの素（顆粒）… 小さじ2
ブール・マニエ（右ページ下）… 10g
タイム … 3枝
ローリエ … 2枚
小麦粉 … 適量
つけ合わせ
  ┃ ベーコン（ブロック）… 60g
  ┃ 小玉ねぎ … 4個
  ┃ マッシュルーム … 3個
  ┃ さやいんげん … 50g
塩・こしょう・オリーブオイル
  … 各適量

下準備

・牛肉は焼く30分ほど前に冷蔵
　庫から出して室温にもどし、4
　～5㎝角に切って塩、こしょうを
　ふる。水分が出たらペーパータ
　オルで拭き取る。
・にんじん、玉ねぎは4㎝角に切
　る。
・ベーコンは長さ4㎝、1㎝角の
　拍子木切りにする。
・マッシュルームは縦に5㎜厚
　さ、小玉ねぎは同じ厚さの輪切
　りにする。
・さやいんげんは歯ごたえよく塩
　ゆでし、3等分の長さに切る。

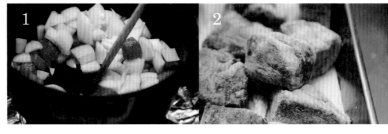

1
大きな厚手の鍋（鋳鉄製など）に
オイル大さじ1を熱し、にんじん
を中火で炒める。オイルが全体
にまわったら玉ねぎを加え、塩
少々をふり、半ば透き通って甘み
が出るまで炒める。

炒まったら、焦がさないように火を消し
ます。

2
牛肉に小麦粉をまぶし、余分な
粉をはたき落とす。

6
水をひたひたに加える（約600㎖）。

7
沸騰したらアクを取り、鶏ガラ
スープの素、タイム、ローリエ、塩
少々を加える。ふたをして弱火で
1時間30分煮る。

鍋底が焦げやすいので、ときどき木べ
らでこすって混ぜます。このとき煮汁が
減っていたら、その都度水をひたひたに
なるように補います。

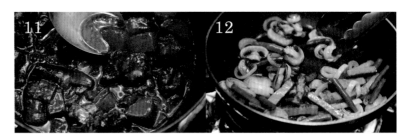

11
煮上がり。肉、玉ねぎ、にんじん
がすべてトロトロに煮えている。

この状態で1週間ほど冷蔵保存できま
す。

12
つけ合わせをつくる。フライパン
にオイル大さじ1を熱し、小玉ね
ぎを中火で炒める。透き通ってき
たらベーコンを加え、脂が出てき
たらマッシュルームとさやいんげ
んを加え、歯ごたえが残る程度
に炒める。器に**11**を盛り、つけ
合わせをのせ、煮汁をかける。

3 フライパンにオイル大さじ½を熱し、強火で肉の表面を香ばしく焼く。

焼き色がついたら向きを変え、全体にむらなく焼き色をつけます。この香ばしさが料理のコクと深い味わいにつながります。

4 肉を**1**の鍋に加えて中火にかけ、小麦粉3gをふりかける。粉が全体にまわるように混ぜ、しっかり炒めて粉に火を通す。

鍋底に落ちた粉が焦げやすいので、底を木べらでこすりながら炒めましょう。

5 赤ワインを加え、沸騰させてアルコール分と香りをとばす。

8 煮上がったら、表面に浮いた脂をすくって取り除く。

9 小鍋にブール・マニエを入れ、**8**の煮汁の一部を加えて軽く煮立て、泡立て器で白濁するまでしっかりと混ぜる。

ブール・マニエがルウのような役割を果たし、バターの風味ととろみをつけてくれます。とろみがつくことで味も濃く感じられます。

10 **9**を**8**の鍋に加え、煮立つまで熱して小麦粉に火を通し、塩で味をととのえる。

petite colonne

ブール・マニエについて

バターと小麦粉を混ぜ合わせたもので、煮汁に加えてバターの風味と小麦粉のとろみを同時につけます。
加えたら必ず沸騰させて、小麦粉に完全に火を通しましょう。

材料（つくりやすい分量）
バター … 50g　　小麦粉 … 50g

❶バターは室温にもどし、小麦粉を3〜4回に分けて加え、よく混ぜ合わせる。
❷容器に空気が入らないように詰め、冷蔵・冷凍保存する。
＊冷蔵なら2週間、冷凍なら1か月ほど保存可能。

鶏もも肉のクリーム煮

白ワインと生クリームで仕立てたとろりと濃厚なソースで、
鶏もも肉とたっぷりの野菜をクリーム煮にします。
鶏肉は煮込む前に、いったん皮目をきつね色に焼いてパンチを出し、
フライパンに残った香ばしいこびりつきはワインで煮溶かして
煮汁に加えてコクとして生かします。
皮が香ばしく、身はむちっとした鶏肉とほろほろに煮たカリフラワーに
クリームソースをからめながら召し上がってください。
パンと白ワインを添えると、気のおけないおもてなしにぴったりです。

材料（2人分）
鶏もも肉 … 大1枚
玉ねぎ … ½個
しめじ … ½パック
カリフラワー … 小房6個
ブロッコリー … 小房6個
白ワイン … 200ml
生クリーム（乳脂肪分47%）… 90ml
ブール・マニエ（→p.41）… 12g
塩・こしょう・オリーブオイル
　… 各適量

下準備
・鶏肉は3cm角に切り、塩、こしょうをふり、水分が出たらペーパータオルで拭き取る。
・玉ねぎは2cm角に切る。しめじは小房に分ける。カリフラワー、ブロッコリーはさっと塩ゆでする。

1
フライパンにオイル大さじ1を熱し、中火で鶏肉を皮目から焼く。香ばしく色づいたら返し、30秒ほど焼いたら取り出す。

2
脂を捨てて水を少量入れ、強火にかけてフライパンのこびりつきをこそげて溶かし、取り出しておく。

こびりつきを煮溶かして、その香ばしさとコクを煮汁に生かします（→p.7：デグラッセ）。

3
フライパンにオイル大さじ½を足し、中火で玉ねぎを軽く色づくまで炒め、しめじ、**1**の鶏肉を加える。白ワインを加え、煮立ててアルコール分をとばす。

4
2の焼き汁、ひたひたの水（約120ml）、カリフラワーを加え、煮立たせてアクを取る。ふたをして10分煮た後、肉を取り出す。

鶏肉は煮すぎるとパサパサになるので、ジューシーに仕上げるためにいったん取り出します。

5
煮汁の一部を取り分け、ブール・マニエを加えて泡立て器で混ぜて完全に溶かす。これを**4**に戻し、生クリームも加える。いったん煮立てて小麦粉に火を通し、少々煮詰めて塩で味をととのえる。

6
ブロッコリーを加えてさっと煮る。肉を戻して軽く温め、器に盛る。

煮詰まりすぎたら、水を少量足して溶きのばして調節します。

ラムのソテーと野菜のクスクス

クスクスの醍醐味は、さまざまな野菜の味が混じり合うスープに
スパイスやハーブの香りが折り重なってできる、まろやかなハーモニーにあります。
ここではメインディッシュらしい食べごたえを出すために、
ラムチョップを添えました。脂に格子状に切り目を入れて焼くことで、
余分な脂が溶け出し、カリッと香ばしく焼けます。
クスクスの野菜はなすやズッキーニ、にんじんなど、好みのもので代用でき、
肉は骨付き鶏肉でもよく、また鶏ひき肉のだんごを一緒に煮込んでも
よいでしょう。でも、クミンとコリアンダーだけは省かずに、
パウダーではなくホールを使ってください。
これらスパイスの鮮烈な香りこそが、この料理のエッセンスなのですから。

材料(2人分)

ラムチョップ … 4本

野菜の煮込み

- 玉ねぎ … ½個
- れんこん … 50g
- かぶ … 1個
- かぼちゃ … 正味80g
- ヤングコーン … 4本
- セロリ … 50g
- にんにく … 1かけ
- トマトの水煮(ダイス)
  … ½缶(200g)
- カレー粉 … 小さじ1
- コリアンダーシード … 小さじ2
- クミンシード … 小さじ1
- タイム … 8枝
- ローリエ … 2枚

スムール(クスクス) … 1合

塩・こしょう・オリーブオイル
  … 各適量

下準備

・玉ねぎ、れんこん、かぶは皮を
　むき、かぼちゃは種とわたを取
　り除き、その他の野菜の具材
　もすべて2〜3cm角に切る。

・にんにくは半分に切って芯を
　取る。

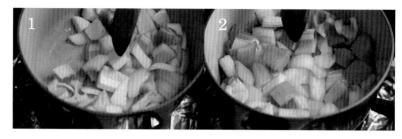

野菜の煮込みをつくる
大きな厚手の鍋(鋳鉄製など)に
オイル大さじ1、にんにくを入れ
て弱火でじっくりと炒めて香りを
引き出す。玉ねぎとセロリを加え
て火を少し強め、塩少々をふって
しんなりするまで炒める。

れんこん、かぼちゃ、ヤングコー
ンを加え、塩をふって全体になじ
ませながら炒める。

煮立ったらアクを取る。

コリアンダーシード、クミンシード、
タイム、ローリエを加え、ふたをし
て弱火で1時間煮る。

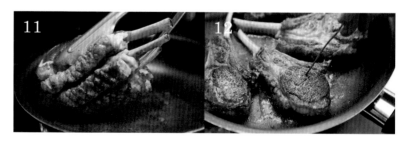

香ばしい焼き色がつき、脂が溶
け出したら、脂をペーパータオル
で拭き取る。

骨のきわの脂の部分は火通りが悪いの
で、トングなどでしっかりと押しつけて
脂を出すように焼きます。

オイル少々を足し、肉を倒して両
面を香ばしく焼く。器に湯でもど
したスムール(右記)と野菜の煮
込みを盛り合わせ、ラムをのせる。

最初に焼く面のほうがきれいに色づく
ので、盛りつけ時はそちらを上に向けま
す。金串を刺して5秒後に引き抜き、唇
に当てて熱ければ焼き上がり。

3

オイルがしっかり全体にまわったらかぶを加え、塩少々をふって炒め合わせる。

火の通りやすいかぶは最後に加えます。1～3では野菜を加えるたびに塩少々をふり、じっくり炒めて各々の香りと甘みを引き出していきます。

4

カレー粉を加え、香ばしい香りがするまで炒める。

5

トマトの水煮を加え、水約700㎖を加える。

水は材料が完全に浸るくらいまで加えます。

8

煮上がり。野菜がやわらかくなり、煮汁が⅔ほどに煮詰まっている。

野菜、スパイス、ハーブの風味が溶け出し、まろやかで深い味になります。

9

ラムのソテーをつくる

ラムチョップに塩、こしょうをふり、脂の面に格子状に切り目を入れる。

切り目を入れることで焼いたときに脂が溶け出しやすくなり、くさみも抜けます。

10

フライパンにオイル大さじ½を熱し、9の脂の面を鍋肌に密着させるように並べ入れ、強火で4分ほど焼く。

熱の入り方をコントロールしやすくするために、肉同士をぴったりとくっつけてフライパンに並べましょう。

---

petite colonne

スムール（クスクス）について

スムールとはデュラム小麦の粗びき粒で、小粒のパスタのようなもの（日本では「クスクス」の名で親しまれている）。
湯でもどすだけで使え、煮汁を吸いやすいという特徴があります。
フランスでは、スムールに煮込みをかけた料理のことを「クスクス」と呼びます。

スムールのもどし方

❶ボウルにスムール1合と同量の熱湯を入れ、オリーブオイル小さじ1、塩2つまみを加えて混ぜる。ラップをかけ、温かいところで10分ほど蒸らす。

❷①をほぐしてパラパラにし、味をみて足りなければ、塩とオイルを足す。冷めたら、蒸し器で蒸しなおすと、ふんわりとしてさらにおいしい。

鶏もも肉の香草パン粉焼き

鶏もも肉をおいしく焼くポイントは、皮はパリッと、肉はしっとりと
火を通すことです。と同時に、皮と身の間にある脂を抜くことも大切。
脂が多く残っていると皮がグニャッとしてしまいますし、
脂にはいわゆる"鶏くささ"が含まれているからです。火加減は常に弱めで、
焦らず、じっくりと時間をかけて焼いて、脂を落としてください。
香草パン粉を肉にまぶしつけて焼くのは、フランス料理の
クラシックな手法です。接着剤の役割を果たすマスタードが調味料となり、
ハーブの香りも加わって、ソースがなくてもおいしくいただけます。

材料（2人分）

鶏もも肉 … 2枚

香草パン粉

パン粉 … ⅓カップ

パセリの葉（みじん切り）

… 小さじ1

ローズマリーの葉（みじん切り）

… 小さじ1

にんにく（みじん切り）… 小さじ½

オリーブオイル … 大さじ1

マスタード … 大さじ2

ベビーリーフなど好みの葉野菜

… 適量

フレンチドレッシング（→p.87）

… 適量

塩・こしょう・オリーブオイル

… 各適量

下準備

・鶏肉の両面に塩、こしょうをふり、水分が出たらペーパータオルで拭き取る。

1

香草パン粉の材料をボウルに入れ、手でむらなく混ぜ合わせる。

ハーブはドライではなく、フレッシュを使ってください。パセリはイタリアンパセリでもよく、ローズマリーの代わりにタイムやセージでもよいでしょう。

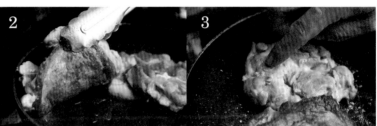

2

フライパンにオイル大さじ1を熱し、鶏肉を皮目から強めの弱火で焼く。触らずにじっくりと焼いてこんがりとした焼き色をつける。

フッ素樹脂加工のフライパンで焼く場合でも、必ずオイルをひきます。肉とフライパンの間にオイルがあることで熱が伝わりやすくなり、余分な脂が溶け出すのと同時にくさみも抜け、焼き色もつきやすくなります。

3

焼き色がついたら返し、強めの弱火で2〜3分焼いてからふたをして火を消す。余熱で火を入れてしっとりさせるイメージ。指で触れてやわらかさを確かめる。

火が通る前の肉を指で押すとかんたんにへこみます。このときのやわらかさを覚えておくと、火が通ったときとの差がよくわかります。

4

肉に指で触れて張りがしっかりと出ていたら、金串や竹串を中心に刺して赤い肉汁が出てこないことを確かめる。

血の混じった赤い汁が出る場合は火が通っていないので、さらに加熱します。

5

4を皮目を上にしてバットに取り出し、皮面の全体にマスタードを塗る。

6

1の香草パン粉をのせて落ちないようにしっかりと押さえ、220℃のオーブンでパン粉がカリカリに香ばしくなるまで10分ほど焼く。器に盛り、ドレッシングであえた葉野菜を添える。

豚肉のリエット

リエットは、脂つきの肉を崩れるくらいにやわらかく煮て、
肉、煮汁、脂のすべてを混ぜてペースト状に仕上げる料理のこと。
フランスの伝統的な保存食です。僕の店では、豚の肩、もも、
くびの肉、鶏や鴨の残った端肉などを混ぜて仕立てていますが、
ご家庭でなら、豚バラ肉でつくると肉と脂の分量比が理想的です。
あれば、鶏肉を足してもよいでしょう。
この料理では、脂が重要な役割を果たします。
肉と煮汁をつなぎ合わせてねっとりとした質感をつくり、
水分が分離するのを防いで保存性を高めてくれるのです。
残った煮汁は冷蔵・冷凍保存してブイヨンとして使いましょう。
煮込みやスープなどに混ぜると味がぐんと深まります。

材料（つくりやすい分量）

豚バラ肉（ブロック）… 1kg

白ワイン … 400㎖

ミルポワ

    玉ねぎ … 1個
    にんじん … 1本
    にんにく … 4かけ

タイム … 5～6枝

ローリエ … 2枚

塩・白粒こしょう … 各適量

下準備

・豚バラ肉は3～4cm角に切って
　バットに並べ、1.4%の塩（1kg
　で14g）をまんべんなくまぶし
　つけ、白粒こしょう、タイム、
　ローリエを散らし、冷蔵庫で半
　日～1日おく。

・玉ねぎは4等分のくし形に切
　り、にんじんは半分の長さに
　切って半割りにする。にんにく
　は皮付きのまま使う。

野菜は煮た後に取り出すので、煮
崩れないように大きく切ります。

大きな厚手の鍋（鋳鉄製など）
に、下準備した豚肉をこしょうと
ハーブごと入れ、白ワインを注
ぎ、水をひたひたに加えて強火
にかける。

しっかりと沸かしてアクを十分に
出し、残さずに取り除く。

白く泡立ったアクが次から次へと出てく
るので、丁寧に取り除きます。

野菜を取り除く。

野菜は風味がすべて出尽くしているた
め、これはもう使いません。

肉を取り出し、粒こしょうとハーブ
は取り除く。

さらに煮汁を適量加えて撹はん
し、パンに塗れるくらいの状態に
する。塩、こしょうで味をととのえ
る。

煮汁の量が少ないとパサパサになり、
多すぎると水分が分離してしまいます。
様子を見ながら加えましょう。

清潔なココットに空気が入らない
ようにぴっちりと詰め、ナイフなど
で表面を平らにならす。

1週間冷蔵保存できます。取り分けた脂
（またはラード）を表面に流して空気を
遮断すると風味が落ちにくくなります。

3

玉ねぎ、にんじん、にんにくを加える。

4

ふたをして弱火で2時間30分煮る。

肉と野菜の風味が出るようしっかりと煮ますが、野菜が煮崩れるまでは煮ません。

7

煮汁の表面に浮いた脂をすくい、取っておく。

脂には肉の香りやうまみが凝縮されており、リエットの味を深めてくれます。

8

肉をフードプロセッサーで撹はんしてかたまりをなくす。

9

<u>7</u>の脂を加えてさらに撹はんする。

撹はんしすぎると肉質感が消えてしまうので注意しましょう。

petite colonne

ミルポワについて

ミルポワ（mirepoix）とは、だし汁、スープ、ソース、煮込み料理などの香り・味をよくするために使う、香りの強い野菜のこと。玉ねぎ、にんじん、セロリ、にんにくなどがよく使われます。だしとしての利用なので、残った切れ端などでよく、切り方は、煮込み時間から逆算して煮崩れない程度の大きさにして野菜の味をスープに移します。

レバーのプルーン煮

レバーにプルーンの果実味を合わせ、シナモンとしょうがで
くさみを消しつつ香りを補い、赤ワインでさっと煮上げます。
おいしく仕立てるポイントは、レバーを香ばしく焼いてから、
赤ワインを注いでアルコールとともにくさみをとばし、
その後は煮込まずに早めに取り出すこと。加熱しすぎてパサつかせず、
しっとりと仕上げるのです。レバーは冷蔵流通の技術が発達したおかげで、
新鮮なものが買えるようになりました。昔は牛乳に浸して
くさみを取っていましたが、新鮮なものなら、その必要はありません。

材料（2人分）

鶏レバー … 200g

プルーン（種を抜く）… 8個

赤ワイン … 200mℓ

シナモンスティック … ½本

しょうが（薄切り）… 3枚

塩・こしょう・オリーブオイル … 各適量

下準備

・レバーは太い血管や血のかたまりがあれ
ば取り除き、白い筋も取る。両面に塩、こ
しょうをふる。

1　フライパンにオイル大さじ1を熱
し、下準備したレバーを中火で
両面ともこんがりと焼く。

しっかり色づけることが大切なので触り
すぎず、色づいたら返しましょう。

2　プルーンを加え、火を消して赤ワ
インを注ぐ。

3　シナモン、しょうがを加え、中火に
かけてアルコール分をとばす。

ワインのアルコール分とともに、レバー
のくさみもとばします。

4　沸騰したらレバーを小さなものか
ら順に取り出す。

レバーは加熱しすぎるとパサつきます。
しっとりと仕上げるためにいったん取り
出しましょう。

5　弱火で15分ほど煮詰める。

煮ている間に煮汁にプルーンの甘み、
シナモン、しょうがの風味が溶け出し、
それを煮詰めて濃厚な風味にします。

6　レバーを戻して、温める程度に煮
からめる。

フライパンと鍋について

フライパンと鍋は、料理の味を決める重要な道具です。焼いたり炒めたりと、最もよく使うのがフライパン。どんなサイズを使うかで味が変わってきます。たくさんの量を狭い面積で焼くと温度が下がりやすく、おいしく焼けませんし、少量を広い面積で焼くと温度が上がりすぎて、焦げてしまいます。肉や魚なら、底面積の⅔程度がちょうどよい量です。サイズは6人分なら直径30cm弱、3〜4人分なら直径24cm程度が使いやすく、深めのものは鍋代わりにもなります。素材は家庭用のフッ素樹脂加工のもので十分ですが、肉や魚をよりこんがりと焼きたい方には鉄製フラ

イパンをおすすめします。

鍋は、ゆでたりさっと煮たりするなら、熱伝導性に優れたアルミ鍋だと湯が沸くのが早く、便利です。厚手のものなら焦げつきにくくて丈夫。材料の分量に合わせて大小浅深2〜3サイズあると便利です。

一方、長時間煮込む料理には、密閉性に優れた厚手の鋳物鍋が適しています。鍋の中で蒸気が対流して煮汁の蒸発を防ぎ、熱がじんわりと均等に伝わって、おいしく煮上がります。ほうろう加工が施されたものは、素材の酸の影響を受けず、味が損なわれません。

写真左上　鉄製フライパン・直径29.5cm×深さ5cm
　　右上　フッ素樹脂加工フライパン・直径24cm×深さ4.5cm
　　左下　厚手アルミ鍋・大小浅深2〜3種あると便利（写真は小：直径16cm×深さ6cm）
　　右下　鋳物ほうろう鍋・左：ル・クルーゼ ココット・ロンド直径20cm×深さ9.5cm／右：ストウブ ピコ・ココット ラウンド直径24cm×深さ10.5cm

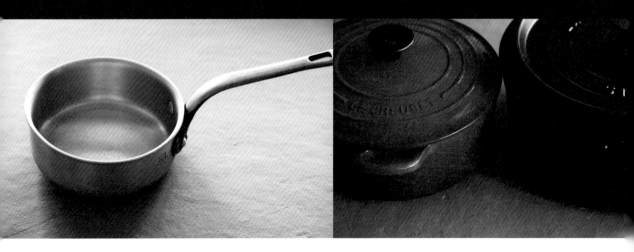

part 2

魚介料理

Poissons, Crustacés et Coquillages

皮目を香ばしく焼いた白身魚に
野菜料理を添えてメインディッシュに、
白ワインとクリームのソースをかけて特別な日のディナーに、
新鮮な青魚を軽やかな衣で揚げてワインのおつまみに、
刺身は繊細なオードブルに仕立てて──。
魚介料理は表現の幅が広く、
テーブルに華やぎを与えてくれます。

真鯛のポワレとラタトゥイユ

フランス南東部の野菜料理ラタトゥイユは、今や日本のご家庭でも
おなじみですが、レストランとご家庭のレシピは少し違います。
僕らは野菜を個別に炒め、最後にひと鍋に合わせて煮上げます。
その理由は、野菜1種ごとに最適な火通しと味つけをして、
各々の持ち味を際立たせたいから。とはいえ、これを家庭でやるのは
大変ですので、フライパンひとつでできるレシピをご紹介します。
大切なのは、火の通りにくいものから炒め、野菜を加えるたびに
塩とオイルをふること。それだけで、味が引き締まります。
ここでは皮目をパリッと、中をふっくらと仕上げる
"ポワレ poêlé"の手法で焼き上げた鯛を盛り合わせました。

材料(2人分)

真鯛(切り身) … 2切れ(約200g)

ラタトゥイユ(つくりやすい分量)

玉ねぎ … ½個(150g)

ズッキーニ … 1本(130g)

なす … 1・½本(100g)

赤パプリカ … 1個(130g)

ピーマン … 3個(100g)

マッシュルーム … 5個(130g)

にんにく … 2かけ

トマトの水煮(ダイス)
　　… ⅔缶(270g)

タイム … 4〜5枝

ローリエ … 2枚

バジルオイル(→p.104) … 適量

塩・オリーブオイル … 各適量

下準備

・なすは皮をしま目にむき、3cm
　角に切って水に浸して色止め
　する。そのほかの野菜も3cm角
　に切り、マッシュルームは縦に
　十字に切って4等分にする。に
　んにくは半分に切って芯を取
　る。

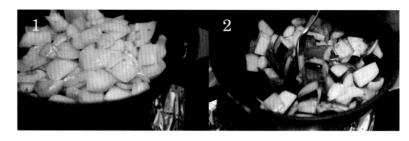

ラタトゥイユをつくる
深めのフライパンにオリーブオイル大さじ1とにんにくを入れ、弱火で炒めて香りを引き出す。玉ねぎを加えて塩少々をふり、中火で少し色づくまで炒める。

後半に煮るので、汁がたまるよう深めのフライパンを使ってください。

ズッキーニ、水気を拭き取ったなすを加え、塩とオリーブオイル各少々を足して少し色づくまで炒める。

野菜を加えるたびに塩とオイルを足します。野菜の量が増えてもむらなく炒めるために、ときどきフライパンをあおって天地を返します。

トマトの水煮を加え、全体を混ぜる。

タイム、ローリエも加え、ふたをして弱火で20分煮る。

鍋底が焦げないよう、ときどき木べらでこすります。このとき煮詰まっていたら、水を補います。

真鯛のポワレをつくる
鯛は小骨があれば抜き、塩をふってしばらくおき、水分が出たらペーパータオルで拭き取る。

鉄製フライパンで焼く場合は、くっつきやすいので小麦粉を薄くまぶしましょう。真鯛のほか、金目鯛などでもよいでしょう。

フライパンにオリーブオイル大さじ½を熱し、中火で鯛を皮目から焼きはじめる。指(またはへら)で押さえてフライパン内をすべらせ、むらなく香ばしく皮を焼く。

押さえると皮が反らず、すべらせることで温度むらがなくなります。じわじわと焼いて皮をカリッと焼き上げましょう。

3 赤パプリカ、ピーマンを加え、**2**と同様に炒める。

4 マッシュルームも加え、同様に炒める。

5 炒め上がり。すべての野菜に薄い焼き色がつき、水分がややとんだ状態。

ラトゥイユのでき上がり。

3〜4日冷蔵保存できます。魚介料理のほか、肉料理にも合い、パスタソースにもなります。ポーチドエッグやオムレツなど卵料理に添えて食べるのもおすすめ。

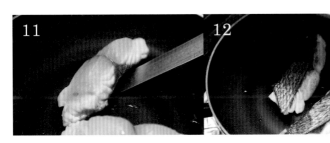

11 皮がカリッと香ばしくなるころには、身の6割くらいに火が通って白っぽくなっている。

12 上下を返し、火から外して身側は余熱でふっくらと火を通す。器に**8**のラタトゥイユを盛り、その上に真鯛のポワレをのせ、バジルオイルをまわりにたらす。

2 / *Poissons, Crustacés et Coquillages*

サーモンのソテー アーモンドソース

サーモンやますのような川魚に白ワインと生クリームのソースを合わせるのが、
クラシックなフランス料理の定番の組み合わせです。
この組み合わせで食べると、ソースの存在が1切れのサーモンを
重厚なごちそうに変身させることをきっと実感していただけます。
サーモンは表面をカリッとさせるために小麦粉をまぶし、
最初はオリーブオイルで、後半はバターで風味を補って、
溶けたバターをスプーンですくいかけながらふっくらと火を通します。
ソースにはから炒りしたアーモンドを混ぜて、甘みと食感のアクセントに。

Poissons, Crustacés et Coquillages

ほたて貝のポワレ キャベツのバター煮添え

"ポワレ poêlé" とは、油脂をひいたフライパンで素材の表面を
パリッと香ばしく、中はふっくらとやわらかく火を通す調理法です。
ほたて貝のように完全に火を通さなくてもおいしく食べられる魚介類に
よく用いられます。香ばしく焼けた上面は甘みが強く、
余熱でレアに近い状態に仕上げた中心はジューシー。
そのコントラストがこの料理のポイントです。
つけ合わせたキャベツのバター煮は、ゆでた後に水気を
しっかりと絞って、水っぽい仕上がりにならないようにしてください。

サーモンのソテー アーモンドソース

材料(2人分)

サーモン(切り身) … 2切れ

小麦粉 … 適量

バター … 10g

アーモンドソース

アーモンドスライス … 50g

玉ねぎ … ¼個

白ワイン … 100mℓ

生クリーム(乳脂肪分47%) … 100mℓ

レモン汁 … ⅛個分

オリーブオイル … 大さじ½

シブレット(または芽ねぎ) … 適量

塩・オリーブオイル … 各適量

下準備

・サーモンは骨を抜き、塩をふる。

・玉ねぎは繊維にそって薄切りにする。

・フライパンを熱し、アーモンドスライスを中火できつね色になるまでから炒りする。

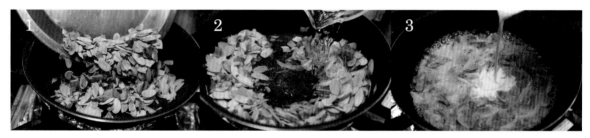

1

アーモンドソースをつくる

フライパンにオイル大さじ1を熱し、玉ねぎを中火で炒める。しんなりしたらアーモンドを加える。

2

白ワインを注ぎ、強火で沸かしてアルコール分をとばし、少し煮詰める。

3

生クリームを加え、塩少々で味をととのえ、また少し煮詰める。レモン汁を加え、半量くらいになるまで煮詰める。

4

サーモンのソテーをつくる

下準備したサーモンから出た水分を、ペーパータオルで拭き取る。小麦粉をまぶしつけ、余分な粉をはたき落とす。

小麦粉はごく薄くまぶし、表面をカリッと軽やかに香ばしくします。粉が多いとソースを吸ってぼってりとしてしまい、食感が悪くなります。

5

フライパンにオイル大さじ1を熱し、サーモンの両面を強めの中火でカリッと香ばしく焼く。サーモンを傾けて、皮の部分も香ばしく焼く。

時間を必要以上にかけすぎないこと。焼き続けていると身がかたくなってしまいます。

6

バターを加え、溶けたバターをスプーンでサーモンにすくいかけながら、じんわりと火を通す。器に盛り、アーモンドソースを温めてかけ、細かく刻んだシブレットを散らす。

身はふっくらと焼き上げたいので、バターの熱で間接的に火を通します。

ほたて貝のポワレ キャベツのバター煮添え

材料(2人分)

ほたて貝柱 … 6個
キャベツ … 4枚
玉ねぎ(みじん切り) … 大さじ1強
レモン汁 … 小さじ1
塩・バター・オリーブオイル … 各適量

キャベツのバター煮をつくる
キャベツはひと口大にちぎる。塩を加えた熱湯でしんなりするまでゆで、氷水に落として冷まし、水気をしっかりと絞る。

鍋にバター1かけを熱し、玉ねぎを弱めの中火でしんなりするまで炒める。キャベツを加えて水少々を加え、バター40gを3回に分けて加えながらキャベツに煮からめていく。

5分ほどゆっくりと混ぜ続け、水分とバターを乳化させてキャベツにまとわせます。

塩で味をととのえ、レモン汁を加えて混ぜる。

煮上がりは煮汁の水分とバターが乳化して白濁し、キャベツはきれいな緑色で歯ごたえが残っている状態です。

ほたて貝のポワレをつくる
ほたて貝柱は塩をふってしばらくおき、しみ出した水分をペーパータオルで拭き取る。

フライパンにオイル大さじ½をひき、中火でじっくり熱する。ほたて貝柱を並べ入れ、触らずに焼く。焼き色がついたら上下を返し、表面に張りが出るまで焼く。

返した後、焼きすぎると身が縮んでパサつきます。レアに近い状態で取り出し、余熱でジューシーに仕上げます。

器に**3**のキャベツを敷き、煮汁をたっぷりとかけ、**5**のほたて貝柱を盛りつける。

たらのブランダード

ブランダードは南フランスのラングドック地方に伝わる伝統料理で、
本来は干しだらを水で2〜3日かけてもどして使います。
ここではよりかんたんに、生だらでつくるアレンジレシピをお教えしましょう。
生だらを使うことで香りよく、ふっくらと仕上がります。
にんにくを加えるレシピもありますが、たらとじゃがいもだけの
シンプルな構成のほうが、ほっと和める味になります。
ポイントは、たらに強めに塩をふり、くさみを抜きつつ身の繊維を引き締めること。
やわらかな中にも、シコシコとした歯ごたえが生まれます。

5 / *Poissons, Crustacés et Coquillages*

いわしのベーニェ

小麦粉の衣をつけて揚げる料理を
フランス語で"ベーニェ beignet"と呼びます。
写真の衣は小麦粉をビールで溶いてイーストで発酵させたもので、
ホップの香りと発酵の心地よい酸味が溶け合う、味わい深さが特徴です。
厚づきの衣ですが、ビールの炭酸と発酵によって発泡しているので、
とびきり軽やかです。しかも、冷めても質感が変わりません。
いわしや野菜にふわっとまとわりついてカリッと小気味よいかたさに揚がり、
いわしはホクホク、野菜はジューシーに揚げ上がります。

たらのブランダード

材料（長さ23×幅15×深さ3cmの
グラタン皿1台分／4人分）

生だら … 200g
じゃがいも … 300g
生クリーム（乳脂肪分47%）… 70㎖
オリーブオイル … 10㎖
グリュイエールチーズ（またはピザ用チーズ）
　　… 適量
塩 … 適量

下準備
・たらは皮をはいで骨を抜き、ぶつ切り
　にする。やや強めに塩をふり、水分が
　出たらペーパータオルで拭き取る。

ゆでる際に塩気が抜けてしまうの
で、それを見越して強めにふります。

1 じゃがいもは皮をむいて3cm大に切って鍋に入れ、ひたひたに水を注いで塩少々を加え、中火にかける。

2 じゃがいもが煮崩れるくらいに煮えたら、下準備したたらを加える。

3 中火で2分ほど煮て、ざるに上げて汁気をきる。

4 鍋に戻し入れて弱火にかけ、へらでつぶしたりほぐしたりして水分をとばす。

つぶしすぎると食感がなくなってしまいます。たらもじゃがいもも小さなかたまりが残る程度がよいでしょう。

5 生クリームを加えて混ぜてなじませ、香りづけ程度にオイルを加えて混ぜる。

6 グラタン皿に敷き詰め、すりおろしたチーズをたっぷりとのせ、220℃のオーブンで表面が香ばしく色づくまで15分ほど焼く。

いわしのベーニェ

材料（2人分）

いわし … 2尾
甘長とうがらし … 2本
衣
　小麦粉 … 90g
　ドライイースト … 9g
　ビール … 小1缶（135ml）
レモン（くし形切り） … 1/8個分
塩・揚げ油 … 各適量

下準備

・いわしは三枚におろして小骨を抜く。大きければさらに斜め半分に切り、塩をふる。水分が出たらペーパータオルで拭き取る。
・甘長とうがらしはフォークでつついて小さな穴を開ける（破裂防止）。
・小麦粉はふるう。

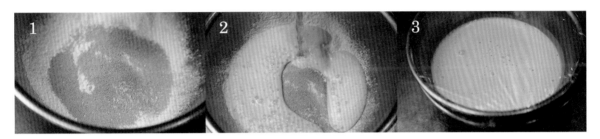

1 ボウルに小麦粉とドライイーストを入れる。

2 ビールを注ぎ入れてむらなく混ぜ合わせる。

3 ふわっとラップをかけ、温かい場所（25〜26℃）に15〜20分おく。

イーストが働きやすい温かさを保つことで発酵をうながします。

4 細かい泡がたくさんできて、倍ほどに膨らんだら発酵完了。

5 下準備したいわしを**4**の衣にくぐらせる。甘長とうがらしは下側2/3だけをつける。

6 200℃に熱した揚げ油に**5**を入れる。ときどき網じゃくしですくい上げて空気に触れさせながら、衣がカリッときつね色になるまで揚げる。レモンを搾って食べる。

いかのセート風煮込み

いかをトマトと白ワインで煮込んだこの料理は、
南フランスの地中海に面した港町、セートに伝わる郷土料理を
つくりやすくアレンジしたものです。おいしさの最大のポイントは、
いかをこんがりと焼いてから煮込むこと。屋台の焼きいかのような
香ばしい匂いがしてくるまで、しっかりと焼きつけてください。
その香ばしさがコクにつながります。この料理に欠かせない
もうひとつの要素が、南仏料理の定番ソース"アイヨリ aïoli"です。
にんにく風味のマヨネーズともいえるもので、魚介類との相性が抜群です。
ぜひ好みの量を混ぜて味わってみてください。にんにくの強い風味や
ピリッとした辛みが、香ばしいいかをさらにおいしくしてくれます。

材料(2人分)

するめいか(またはやりいか)
　…2はい(掃除済み300g)
玉ねぎ … ½個
にんにく … 1かけ
トマトの水煮(ダイス) … ½缶(200g)
白ワイン … 100㎖
タイム … 4枝
ローリエ … 1枚
アイヨリマヨネーズ
　│ マヨネーズ … 大さじ2
　│ にんにく … 1かけ
ペンネ … 適量
塩・オリーブオイル … 各適量

下準備

・いかは内臓、軟骨を取り除き、
　胴は1cm幅の筒切りに、エンペ
　ラは縦1cm幅に切る。足は1本
　ずつに切り分け、長いものは
　半分に切る。
・いかに塩をふってしばらくお
　き、しみ出した水分をペーパー
　タオルで拭き取る。
・玉ねぎは繊維にそって薄切り
　にする。
・にんにくは半分に切って芯を
　取る。

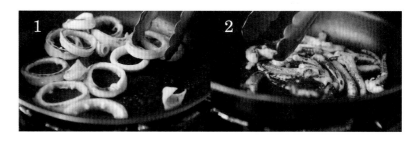

1 フライパンにオイル小さじ1を熱
し、いかの胴とエンペラを重なら
ない程度の量だけ入れ、強火で
両面をこんがりと焼きつける。

煮る前に香ばしく焼くことで深みのある
味わいになります。一度に多く入れた
り、触りすぎたりすると香ばしく焼けま
せん。オイルを足しつつ、2〜3回に分
けて焼きましょう。

2 **1**を取り出してオイル少々を足し、
いかの足も香ばしく焼いて取り出
す。

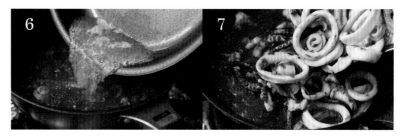

6 煮立ったら**3**を加える。

7 **1**、**2**、水100㎖を加え、下味程
度に塩を加える。

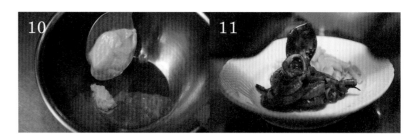

10 **アイヨリマヨネーズをつくる**
にんにくをすりおろしてボウルに
入れ、マヨネーズ(自作するなら
右ページ下)を加えてスプーンで
むらなく混ぜ合わせる。

11 塩を加えた熱湯でペンネをゆで
上げ、オイル少々であえて器に盛
り、**9**を盛り合わせる。**10**を添え、
混ぜながら食べる。

3

2のフライパンに白ワインを入れ、中火でアルコール分をとばしながら鍋肌についたうまみをこそげて煮溶かし（→p.7：デグラッセ）、取り出しておく。

4

きれいにしたフライパンにオイル大さじ2、にんにくを入れ、弱火にかける。香りが立ったら玉ねぎを加え、弱めの中火で色づけないように炒める。

5

玉ねぎがしんなりしたら、トマトの水煮を加えて中火で煮る。

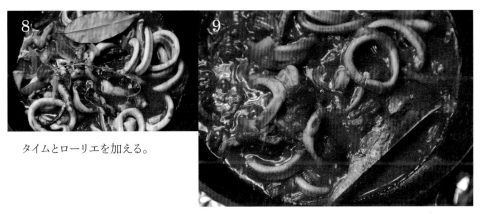

8

タイムとローリエを加える。

9

ふたをして、いかがやわらかくなるまで弱火で30分ほど煮る。にんにくを取り除き、塩で味をととのえる。

高温で煮るといかがかたくなってしまうので弱火で煮ます。

アイヨリマヨネーズについて

南仏プロヴァンスのアイヨリ（aïoli）のことで、すりおろしたにんにくと卵黄を混ぜ、オリーブオイルを少量ずつ加え混ぜて乳化させたもの。ここでは、自家製のマヨネーズににんにくを混ぜ、つくりやすくアレンジしています。煮る、焼く、スープにするなどした魚介類、ゆで野菜、ゆで卵など、さまざまな料理に合います。

マヨネーズのつくり方

材料（つくりやすい分量）
卵黄 … 1個分
マスタード … 15g
白ワインビネガー … 5g
塩 … 3g
サラダ油 … 150g

❶ボウルに卵黄、マスタード、ビネガー少々、塩を入れ、泡立て器でよく混ぜ合わせる。
❷サラダ油を細くたらして加えながら、混ぜ続ける。
❸オイルが完全に乳化してとろりとしたら、残りのビネガーを加えてむらなく混ぜる。

7/ *Poissons, Crustacés et Coquillages*

真鯛のセビーチェ風

生の魚をライムなどの柑橘類でマリネした料理は、
メキシコやペルーなどの中南米が発祥で、
そこからスペインやフランスに広まりました。
この料理のおいしさのカギは、ライムの存在に尽きます。
さわやかで、やや青くさいような独特のスパイシーな香りが
鯛のうまさを引き立てます。ライムがなければレモンでも、と
言いたいところですが、レモンでは魅力が半減してしまいます。
代用するなら、すだちや青ゆずなど、果皮が緑色の柑橘類を使ってみてください。

Poissons, Crustacés et Coquillages

ほたて貝とサーモンのタルタル
かぶのミルフィーユ仕立て

主役の素材は、白いほたて貝とかぶ、そして、鮮やかなオレンジ色の
サーモン。かぶははちみつとビネガーで甘酸っぱくマリネし、
ほたてとサーモンにはアボカドを足して、マヨネーズでタルタルに。
やや大きめの白い皿に盛ると、レストラン風の美しい盛りつけができます。
かぶとタルタルはミルフィーユ状に重ね、
皿の余白にミニトマトとセルフィーユをちりばめてください。
タルタルが少しのぞくようにかぶを重ねると、おいしそうに目に映ります。

真鯛のセビーチェ風

材料(2人分)
真鯛（刺身用さく）… 160g
ライム … 適量
赤玉ねぎ … ½個
ディルの葉 … 適量
塩・オリーブオイル … 各適量

ライムは皮をピーラーで薄くむき、裏側の白い部分を取り除いてせん切りにする。水から2回ゆでこぼし、ペーパータオルで水気を拭き取る。

農薬や防カビ剤などを落とすためにゆでこぼします。薬がついていなければ、せん切りもゆでこぼしも必要なく、そのまますりおろして使えます。

赤玉ねぎは繊維を断つ向きに薄切りにし、塩少々をふってもむ。水にさらし、ペーパータオルで水気を拭き取る。

鯛をごく薄いそぎ切りにし、器に放射状にきれいに並べる。

刺身を薄く切るときは、包丁の刃を端から端まで使って引き切りにすると、身に余計なダメージを与えずにすみます。押したり引いたりを繰り返すと傷つきます。

鯛にうっすらとまんべんなく塩をふる。

2の赤玉ねぎをのせ、ライムの果汁を搾りかけ、オイルをまわしかける。

1の皮とディルを散らす。

ほたて貝とサーモンのタルタル かぶのミルフィーユ仕立て

材料(2人分)

かぶのマリネ
かぶ … 2個
赤ワインビネガー
… 小さじ½
はちみつ … 5g

ほたて貝とサーモンのタルタル
ほたて貝柱 … 2個
サーモン(切り身) … 60g
アボカド … 60g
玉ねぎ(みじん切り) … 大さじ2
マヨネーズ … 大さじ1
黒オリーブ … 3個
ミニトマト … 2個
セルフィーユの葉 … 適量
塩・オリーブオイル・レモン汁 … 各適量

下準備
・ほたて貝柱、サーモンは塩をふって
しばらくおき、水分が出たらペーパー
タオルで拭き取る。
・玉ねぎのみじん切りは塩をふっても
み、ペーパータオルで水分を拭き取
る。
・黒オリーブは種を除いて5mm角に切
り、ミニトマトは7〜8mm角に切る。

かぶのマリネをつくる
かぶは皮をむいてスライサーで
薄くスライスし、塩少々、ビネガー、
はちみつを加えてやさしく手でも
む。

**ほたて貝とサーモンのタルタルを
つくる**
ほたて貝柱、サーモン、アボカド
は5mm角に切り、玉ねぎのみじ
ん切りと合わせ、マヨネーズ、塩、
レモン汁各少々であえる。

マヨネーズの代わりにオリーブオイルで
もよいでしょう。

1のかぶをペーパータオルの上
に並べて汁気を取る。器の3か
所に1枚ずつ置き、**2**のタルタル
をスプーンですくってのせ、その
上にかぶを1枚ずつのせる。

器の余白を生かしてかぶをバランスよく
配置するのが、美しい盛りつけのコツで
す。

かぶの上に再び**2**のタルタルを
のせる。

さらに、かぶのマリネを1枚ずつ
のせる。

整然と水平に盛るより、かぶが斜めに
傾いてタルタルが少し見えるくらいのほ
うがおいしそうに見えます。

黒オリーブとミニトマトをオイルと
レモン汁各少々であえ、器の余
白に散らし、セルフィーユを飾る。

かきのブルゴーニュ風

フランスのブルゴーニュ地方には、
エスカルゴにパセリとにんにくを練り込んだバターをのせて焼く
"エスカルゴ・ア・ラ・ブルギニョーヌ escargots à la bourguignonne"
（エスカルゴのブルゴーニュ風）という料理があります。
このエスカルゴをかきに替えてアレンジしてみました。味の決め手は、
パセリの青い味とにんにくの強い香りが詰まったエスカルゴバター。
これをのせるだけで、パンチのきいた力強い味になります。
新鮮な殻つきのかきが手に入ったときに、ぜひつくってみてください。

10

Poissons, Crustacés et Coquillages

あじのエスカベッシュ

エスカベッシュは、加熱調理した魚をたれでマリネする、
いわば洋風南蛮漬けのこと。地中海沿岸や中南米の国々で
広く親しまれている料理です。魚と一緒に香味野菜を
たっぷりと食べられるのが魅力で、野菜のうまみがマリネ液にしみ出し、
それが魚に移って、たがいの味を高め合います。
マリネ液には、こしょうやとうがらしの代わりに、
食べても気づかない程度の少量のカレー粉を使いました。
カレー粉には、こんな使い方もあるのです。

かきのブルゴーニュ風

<u>材料</u>（2人分）

生がき（殻つき）… 4個

マッシュルーム … 2個

ミニトマト … 3個

エスカルゴバター（右下）… 60g

パン粉 … 適量

<u>下準備</u>

・マッシュルームは石づきを切り落とし、縦に十字に切って4等分にする。

・ミニトマトも同様に4等分に切る。

エスカルゴバター について

パセリと香味野菜を練り混ぜたバターのこと。ステーキにのせてソース代わりに、グラタンのチーズ代わりに使ってもよいでしょう。

材料（つくりやすい分量）

パセリの葉 … 30g

バター（室温にもどす）… 225g

エシャロットまたは玉ねぎ
　（みじん切り）… 10g

にんにく（みじん切り）… 8g

塩 … 4g

❶ フードプロセッサーにパセリの葉を入れ、緑色の汁が出て十分に細かくなるまで攪はんする。

❷ エシャロット、にんにく、塩を加え、むらなく混ざるまで攪はんする。

❸ バターを3回に分けて加え、さらに攪はんする。ラップで円柱状に包んで保存し、端から切って使う。

＊冷蔵なら1週間、冷凍なら1か月ほど保存可能。

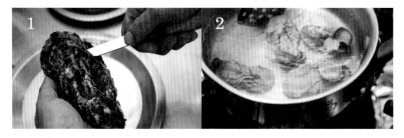

1 かきの殻を細い方を手前にして手のひらにのせる。右上からパレットナイフやペティナイフを入れ、上側の殻にそわせながらずらして貝柱をはがし、殻を開ける。

写真の右上のやや内側に貝柱があり、それと上側の殻の接合部をナイフではがします。コツがいる作業なので、買った店で開けてもらうとよいでしょう。

2 身を取り出して流水で洗い、ペーパータオルで水気を拭き取る。鍋に湯を沸かし、身を30秒ほどゆでて取り出す。下側の殻は器として使うのできれいに洗っておく。

3 アルミホイルを殻の固定用にくしゃくしゃとまとめてバットに置き、殻を水平にのせる。殻にかきの身をのせ、エスカルゴバター（かき1個につき15g）、ミニトマト、マッシュルームを彩りよく並べる。

4 パン粉をふり、バットごとオーブントースターに入れて焼く。パン粉に香ばしい焼き色がつき、エスカルゴバターが溶けたら焼き上がり。ホイルごと皿に盛る。

あじのエスカベッシュ

材料(2〜3人分)

あじ … 2尾
にんじん … 30g
玉ねぎ … 30g
長ねぎ … 30g
セロリ … 30g
A｜カレー粉 … 少々
　｜トマトペースト … 8g
　｜赤ワインビネガー … 20g
　｜オリーブオイル … 65g
イタリアンパセリ … 適量
塩・小麦粉 … 各適量
オリーブオイル … 大さじ1
揚げ油 … 適量

下準備
・あじは三枚におろして3等分くらいに切り、塩をふる。
・にんじん、玉ねぎ、長ねぎ、セロリは5〜6cm長さの細切りにする。

1 下準備したあじから出た水分を、ペーパータオルで拭き取る。小麦粉をまぶし、余分な粉を落とす。

2 揚げ油を180〜200℃に熱し、**1**をカリッときつね色になるまで揚げる。

ときどき空気に触れさせながら揚げると衣がカリッとなります。あじから出てくる泡が小さくなったら揚げ上がりのサインです。

3 鍋にオリーブオイルを熱し、玉ねぎ、セロリ、長ねぎとにんじんの順に入れ、その都度塩少々をふって、ややしんなりするまで炒める。

野菜を加えるたびに塩少々をふり、食感が残る程度に炒めます。

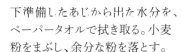

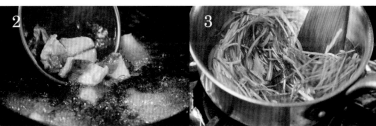

4 Aの材料を加える。

カレー粉の量はごく少量に。カレー味にするのではなく、隠し味としての役割です。

5 混ぜて野菜になじませ、軽くひと煮立ちさせる。

6 **5**を**2**のあじにかけ、味がなじむまでおく。イタリアンパセリを添えて盛りつける。

Poissons, Crustacés et Coquillages

魚介のパエリア

パエリアはスペインの地中海沿岸の地方、バレンシアが発祥で、
南フランスの沿岸でも親しまれていますが、僕のつくるこのパエリアは、
どちらかというと日本の炊き込みごはんのイメージです。
いか、えび、貝など、うまみのよく出る魚介類を何種類も組み合わせ、
さらにベーコンやきのこなどでうまみを追い足し、彩り豊かな野菜も加えて
カラフルで華やかなメインディッシュに仕立てます。
本来は魚のブイヨンで炊きますが、家庭でも無理なくつくれるよう、
鶏ガラスープの素で代用しました。ムール貝がなければあさりで代用できます。

材料 (5〜6人分)

やりいかの胴
　… 1ぱい分
えび … 8尾
ムール貝 … 10個
赤パプリカ … ¼個
なす … 1本
玉ねぎ … ¼個
ベーコン (スライス)
　… 50g
しめじ … ½パック

米 … 2合
白ワイン … 150㎖
トマトジュース (無塩) … 40㎖
鶏ガラスープの素 (顆粒) … 小さじ1
サフラン (またはターメリック) … 少々
塩・オリーブオイル … 各適量
レモン (好みで) … 適量

下準備

・いかの胴は皮をむき、1cm幅の筒切りにして塩をふる。水分が出たらペーパータオルで拭き取る。
・えびは殻をむき、背わたを取る。
・赤パプリカ、なす、玉ねぎ、ベーコンは2cm角に切り、しめじは小房に分けて半分に切る。

1
ムール貝はよく洗って黒いひもを引き抜き、白ワインとともに鍋に入れ、ふたをして中火で蒸し煮にする。殻が開いたら、ざるに上げて貝と汁に分ける。

ムール貝だけでなく、そのほかの魚介類も決して火を通しすぎず、9割方火が通ったところですぐに取り出します。

2
フライパンにオイル大さじ½をひき、下準備したいかとえびを中火でさっとソテーし、かたくなる前にバットに取り出す。

3
フライパンにオイル大さじ1を足し、赤パプリカ、なす、しめじを入れて塩少々をふり、強〜中火で表面が香ばしくなるように炒め、バットに取り出す。

4
フライパンにオイル大さじ2を足し、玉ねぎとベーコンを中火で炒める。玉ねぎがしんなりしたら、米を加えて炒めて全体にオイルをまとわせる。

5
1の蒸し煮汁、トマトジュース、鶏ガラスープの素を合わせ、水を加えて370㎖にして**4**に加える。サフランも加え、塩で味をととのえて強火にする。

6
沸騰したら、ふたをして弱火で15分炊き、**2**、**3**、**1**の貝をのせ、火を止めてふたをして10分ほど蒸らす。全体を混ぜて盛り分け、レモンを搾って食べる。

魚介類は熱々のごはんにのせて蒸らす間に蒸気でふっくらと火が通ります。こうするとかたくなりません。

器と盛りつけについて

器づかいで料理の見栄えが変わり、見栄えや印象は味わいに大きく影響するものです。ここでは、店で使っている定番の皿を紹介します。

料理を美しく見せてくれて万能なのは、素材の色が映える白い陶磁器です。レストラン流の盛りつけを目指すなら、煮汁のないメインディッシュは直径31cm前後のディナー皿に余白を生かして盛り、オードブルやおつまみはひとまわり小さい直径25cm前後のものに盛りましょう。

基本的にナイフとフォークで食べる料理には浅い平皿を使い、汁のある煮込み料理やスープには、深さのあるスープ皿を使います。煮込み料理にパスタ、クスクス、ごはんなどを盛り合わせるときには、楕円形のオーバル皿が盛りやすいでしょう。また、冷製スープやスプーンで食べるデザートは、ガラスのスープ皿に盛るとひんやり涼やかに見え、いっそうおいしそうに目に映ります。

メインディッシュの肉や魚料理には、野菜のつけ合わせを添えることもよくあります。肉や魚と一緒に食べてもらいたい場合はつけ合わせの上にのせ、別々に食べてもらいたい場合は、手前に肉や魚、奥につけ合わせを盛ります。オードブルは、余白を生かした盛りつけやソース、トッピングなどで華やかさを演出します。

写真左上　ディナー皿(磁器)・直径31cm　右上　オーバル皿(磁器)・長径31cm×短径21.5cm
　　　左下　スープ皿(磁器)・直径27cm×深さ6cm　右下　スープ皿(ガラス)・直径25cm×深さ4.5cm

part 3

野菜料理とスープ

Légumes et Potages

サラダやマリネなどの野菜料理、
具材たっぷりのスープやクリーミーなポタージュは、
親しみやすく、つくりやすく、
はじめてつくるフランス料理に最適です。
皆さんがよくご存じのあの料理にも、
おいしく仕上げるための大切なポイントがあります。
ワンランク上の味づくりをお教えしましょう。

1/ *Légumes et Potages*

サラダ・クリュディテ（3種のサラダの盛り合わせ）

サラダ・クリュディテは野菜のサラダを数種類盛り合わせた一皿で、
フランスのカフェやビストロの定番メニューです。
サラダの種類は日本でもおなじみのキャロットラペを筆頭に、
ヨーグルトであえたきゅうりや、かぶのサラダも人気があります。
味つけは凝りすぎず、ドレッシングやヨーグルト、ハーブ、
スパイスなどでシンプルにまとめて野菜の風味を生かしましょう。
"クリュディテ crudité" は生野菜の意味ですが、ゆでたじゃがいもや
蒸した長ねぎなど、火の通った野菜で仕立てるのもおすすめです。

材料（2〜3人分）
にんじん … 大½本
きゅうり … 1本
かぶ … 1個
フレンチドレッシング（右下） … 大さじ2
パセリ（みじん切り） … 大さじ1
プレーンヨーグルト（無糖） … 大さじ2
クミンシード … 小さじ⅓
塩 … 適量

キャロットラペをつくる
にんじんはスライサーで縦に薄くおろし、半分の長さに切り、縦にせん切りにする。

塩少々をまぶしてもみ、水分が出たらフレンチドレッシング大さじ1を加え、もんで味をなじませる。パセリのみじん切りを加えて、さらにもむ。

手でもむことで、野菜にドレッシングの味が入っていきます。

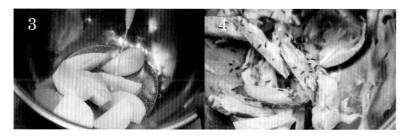

かぶのサラダをつくる
かぶは皮付きのまま8等分のくし形に切り、**2**と同じやり方で塩、ドレッシングであえる。

きゅうりのサラダをつくる
きゅうりは縦半分に切り、5mm厚さの斜め切りにする。塩をふり、水分が出たらヨーグルトを加えてあえ、クミンシードを混ぜる。

フレンチドレッシングについて

日本ではこの名で呼ばれていますが、フランス語では“ソース・ヴィネグレット sauce vinaigrette”。マスタードのスパイス香と酸味を生かすために、油は香りのない植物油を使います。

材料（つくりやすい分量）
マスタード … 30g
白ワインビネガー … 30g
塩 … 3つまみ
こしょう … 適量
サラダ油 … 90g

❶マスタード、ビネガー、塩、こしょうを混ぜて塩を溶かす。
❷サラダ油を細くたらして加えながら、泡立て器で撹はんする。分離せずにとろりと乳化したらでき上がり。
＊冷蔵庫で2〜3週間保存可能。ディスペンサーやふた付きびんなどに入れ、その都度振って乳化させて使う。

お米のサラダ

フランスでは、お米を野菜感覚でサラダによく用います。

フランスのお米はさらりとしているので、野菜に混ぜて

ドレッシングであえますが、日本のもちもちとしたお米を使うなら、

こんなふうに押しずし風に仕立ててみてはいかがでしょう。

具材は塩気があってうまみのある、ツナ、アンチョビ、オリーブに、

カリカリと食感のよいカラフルな野菜を組み合わせます。

セルクルというリングを使って、ケーキをデコレーションするように

具材を盛ると、見た目にも美しい一皿になります。

2 / *Légumes et Potages*

材料（直径10cmのセルクル2台分＝2人分）

冷やごはん … 200g

ツナのオイル漬け … 小1缶（70g）

固ゆで卵 … 1個

赤パプリカ … 20g

ピーマン … 20g

きゅうり … 30g

黒オリーブ（種抜き） … 4個

アンチョビ（フィレ） … 2枚

ミニトマト … 1個

レモン汁 … 小さじ2

塩・オリーブオイル … 各適量

下準備

・赤パプリカ、ピーマン、きゅうりは5mm角に切る。

・オリーブは薄切りにする。

・アンチョビは半分の長さに切り、細切りにする。

・ミニトマトは8等分に切る。

1
ゆで卵は白身と黄身に分け、それぞれざるに通して細かくする。

ざるに通すことでミモザの花のようになります。サラダなどにふりかけてよく使います。

2
ツナのオイル漬けは油をきって冷やごはんと合わせ、オリーブオイル大さじ1とレモン汁小さじ1を加えて混ぜ合わせる。

3
赤パプリカ、ピーマン、きゅうりを合わせ、オリーブオイル大さじ1、塩少々、レモン汁小さじ1を加えて混ぜる。

4
皿の中央にセルクルを置き、**2**を入れてスプーンの背で軽く押し、平らにならす。

セルクルはステンレス製のリングで、これを使うとかんたんにきれいな円柱形がつくれます。料理の盛りつけのほか、タルトの型として使ったり、生地を丸く抜いたりと、便利な道具です。

5
上に**3**の野菜をのせる。

6
ミニトマトに塩をふってのせ、オリーブ、**1**の卵の白身と黄身をバランスよく盛り、アンチョビものせる。セルクルをそっと外す。

3 / *Légumes et Potages*

じゃがいもとえびのズッキーニ巻き

たまにはレストランのオードブルのような、華やかな料理を
つくってみませんか？　難しく見えるかもしれませんが、
材料は皆さんがご存じの身近なものばかり。
薄くスライスしたズッキーニでえびとポテトサラダを巻くだけです。
いつもと違う切り方、仕立て方をするだけで、
見た目も印象も大きく変わります。
つけ合わせのミニトマトとハーブの彩りもこの皿に欠かせません。
白い皿に赤と緑をちりばめて、ドレスアップしましょう。

材料（2人分）

えび（ブラックタイガーなど）… 4尾
白ワイン（または日本酒）… 適量
片栗粉 … 適量
ズッキーニ … 1本
ポテトサラダ
じゃがいも … 1個
玉ねぎ … ¼個
マヨネーズ … 大さじ3
塩 … 少々

ミニトマト（8等分に切る）
… 3個
バルサミコ酢 … 少々
レモン汁 … 少々
セルフィーユの葉
… 2枚分
塩・オリーブオイル
… 各適量

下準備

・えびは殻をむいて背わたを取り、白ワイン（または日本酒）と片栗粉をふりかけ、汚れが出るまでもむ。流水で洗い流し、熱湯で色が変わるまでゆでる。ペーパータオルで水気を拭き取り、水平に半分に切る。
・玉ねぎは繊維にそって薄切りにし、塩をふってもむ。流水にさらし、ペーパータオルで水気を拭き取る。

1 じゃがいもは皮付きのまま水からゆで、串がすっと通るようになったら、皮をむいて1cm角に切る。玉ねぎ、マヨネーズを加えてスプーンで軽くつぶしながら混ぜ、塩で味をととのえる。

ペースト状になるまでつぶさず、歯ごたえを残します。

2 ズッキーニの両端を切り落とし、スライサーで1mm厚さの長いリボン状にスライスする。

3 <u>2</u>をさっと色よくゆで、氷水に落として冷まし、ペーパータオルで水気を拭き取る。

4 ラップを敷き、ズッキーニを少しずつ重ねながら4枚並べて長方形にする。下準備したえびをオイルとレモン汁各少々であえ、ズッキーニの上（中央よりやや手前）に4枚並べる。

5 <u>4</u>の上に<u>1</u>のポテトサラダをのせる。

6 手前のラップを持ち上げ、のり巻きの要領で、ラップを巻き込まないように巻き、しっかりと締める。ラップをはがし、巻き終わりを下にして器に盛る。ミニトマトを塩、バルサミコ酢、オイルであえて散らし、あえ汁をかけ、セルフィーユを飾る。

きのこのマリネ

ワインのおつまみに、肉や魚料理のつけ合わせに、サラダに混ぜたり、
タルティーヌにトッピングしたり、パスタにからめたりと、
さまざまに使い回せる一品です。おいしさのコツは、
きのこを強火で手早く焼くこと。水分がしみ出す前に
外側を香ばしく焼くのです。ゆっくりと焼いていると、
徐々に水分がしみ出して、くにゃくにゃとした食感の炒め煮に
なってしまいます。香ばしく焼くからこそ得られる、
しっかりとした歯ごたえの残る仕上がりを目指しましょう。

材料（つくりやすい分量）

しめじ … ½パック

エリンギ … 1本

しいたけ … 3個

えのきたけ … ½袋

にんにく … ½かけ

アンチョビ（フィレ）… 1枚

アンチョビの漬けオイル … 小さじ1

ケッパー（酢漬け）… 大さじ1強

ケッパーの漬け酢 … 大さじ1

タイム … 4〜5枝

ローリエ … 2枚

塩・こしょう・オリーブオイル
　　… 各適量

下準備

・きのこはすべて石づきを取る。しめじはほぐし、エリンギは縦半分に切ってひと口大の斜め切りに、しいたけは十字に4等分に切り、えのきたけは3等分の長さに切る。

・にんにく、アンチョビはみじん切りにする。

1

フライパンにオリーブオイル大さじ1を熱し、えのきたけ以外のきのこを入れ、塩少々をふって強火で焼く。

水分が出る前に表面をオイルでコーティングし、外側をしっかりと香ばしく焼きます。オイルが足りないと色づいてこないので、足りない場合は補いましょう。

2

えのきたけを加え、オリーブオイルと塩を足して同様に焼く。

全体をしっかり色づけるために、フライパンをときどきあおって天地を返します。

3

にんにくを加えて香りが立つまで炒め、アンチョビ、ケッパー、アンチョビの漬けオイル、ケッパーの漬け酢を加えて炒め合わせる。

4

オリーブオイルをきのこ全体にからまるくらいにやや多めに加え、混ぜてなじませる。

5

タイム、ローリエを加え、さっと混ぜて香りを移す。

6

バットに広げ、ラップを密着させてかけて冷ます。4〜5日冷蔵保存できる。

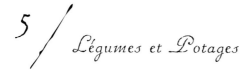

スペイン風オムレツ

フライパンで丸く厚く焼き上げるスペインのオムレツ
"トルティージャ tortilla"はフランスでも人気があり、
"オムレット・エスパニョール omelette espagnole"の名で親しまれています。
中でもじゃがいも入りは定番中の定番。厚みをもたせて焼くことで、
卵の中でじゃがいもがホクホクに煮えておいしくなります。
具材の野菜は玉ねぎ、長ねぎ、ほうれん草、パプリカなど、
お好みのもので代用できます。ベーコンは具材であると同時に
だしの役割も兼ねる、重要な材料です。

野菜といわしの南仏風重ね焼き

ズッキーニ、なす、トマトは、

南フランスの野菜料理に欠かせない存在です。

いわしとともにオーブン皿に並べて焼くことで、

トマトから水分がしみ出して煮詰まり、他の野菜、いわし、

オリーブオイルの風味と溶け合って風味豊かな味わいを生みます。

ポイントは、刺身で食べられる新鮮ないわしを使うこと。

太って脂ののったいわしを使えば、野菜よりも

いわしの存在感が際立つメインディッシュになります。

スペイン風オムレツ

材料（直径22cmの深めのフライパン1台分）

卵 … 6個

じゃがいも … 180g

玉ねぎ … ½個

ベーコン（ブロック）… 60g

アスパラガス … 1本

塩・オリーブオイル … 各適量

下準備

・じゃがいもは皮付きのまま、塩を加えて水からゆでる。

・ゆでたじゃがいもは皮をむいて1cm角に切り、玉ねぎとベーコンは8mm角に切る。アスパラガスは根元のかたい皮をむき、8mm厚さの斜め切りにする。

1

フライパンにオイル大さじ½を熱して玉ねぎを入れ、塩少々をふって弱めの中火で色づけずにじっくりと炒め、ベーコンを加えて炒め合わせる。アスパラガスを加え、塩とオイル少々を足して炒める。

直径22cmの小ぶりなフライパンが最適なサイズ。大きいと厚みが出ず、火が通りすぎてパサついてしまいます。

2

野菜の甘みが十分に出たら、ゆでたじゃがいもを加え、さっと混ぜてなじませる。

3

ボウルに卵を割り入れ、泡立て器でほぐしてコシをしっかりと切る。**2**の野菜を加え、塩で味をととのえる。

4

きれいにしたフライパンにオイル大さじ2を熱し、**3**を流し入れて中火で加熱する。へらで大きく混ぜ、端が固まってきたら、へらではがして縁の角を丸める。ふたをして弱火で3分ほど焼く。

5

外側が焼き固まり、中心が半熟の状態になったら、フライパンよりひとまわり大きな皿をかぶせ、上下を返していったん皿に取り出す。そこからすべらせて再びフライパンに戻す。

卵が完全に焼き固まっていないため、崩れやすいのでそっと扱いましょう。

6

再びふたをして3分ほど焼く。金串を刺して卵生地がついてこなければ焼き上がり。フライパンからすべらせて器に盛る。

野菜といわしの南仏風重ね焼き

材料（長さ27cm×幅15cmのグラタン皿1台分＝2〜3人分）

いわし … 2尾

ズッキーニ … ½本

なす … 2本

玉ねぎ … ⅓個

トマト … ¾個

パン粉 … 1つかみ

塩・オリーブオイル … 各適量

下準備

・いわしは三枚におろして小骨を抜き、塩を
　ふる。水分が出たらペーパータオルで拭き取
　る。

・ズッキーニ、なすは5mm厚さの輪切りにし、
　なすは水に浸して色止めする。

・玉ねぎは繊維にそって薄切りにする。

・トマトは5mm厚さのいちょう切りにする。

1
フライパンにオイル大さじ½を熱
し、ズッキーニを並べ入れる。塩
少々をふり、中火で両面が色づく
まで焼き、取り出す。なすの水気
をペーパータオルで拭き取り、同
じ要領で焼き、取り出す。

野菜を1種類ずつ焼いて塩をふることで、
それぞれに最適の火通しができます。オ
イルは足りない分をその都度補います。

2
1と同じ要領で玉ねぎをしんなり
とするまで炒め、取り出す。

3
フライパンにオイル少々を足し、
下準備したいわしを強火で皮目
から焼く。香ばしい焼き色がつい
たら返し、身側はさっと焼き、取
り出す。

4
グラタン皿に**2**の玉ねぎを敷き詰
める。

5
端から、ズッキーニ、トマト、いわ
し、なすを好みの順番に少しず
つ重ねながら並べる。

6
パン粉を散らし、オイルを大さじ
1ほどまわしかけ、オーブントース
ターでパン粉がカリッと香ばしく
なるまで焼く。

焼けるにつれてトマトから水分がしみ出
して全体になじみ、ソースの役目を果
たします。

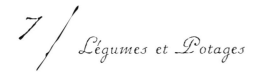

とうもろこしのポタージュ

とうもろこしのおいしさを100%引き出した極上のポタージュです。

ブイヨンの力に頼らず、とうもろこしの芯を煮出した

香り豊かな煮汁をだしとして利用します。

とうもろこしを40分間もかけて煮ることに驚くかもしれませんが、

その時間がおいしさにつながります。

和食では野菜の歯ごたえを生かした火通しを大切にしますが、

フランス料理ではくたっとなるまで煮て、甘みを最大限に引き出すのが基本です。

炒めた玉ねぎの甘みも重要な役割を果たしますが、けっして茶色に色づけないこと。

この料理の繊細な甘みに香ばしさは必要ありません。

冷製でも、温めても、どちらでもおいしくいただけます。

材料(4人分)

とうもろこし … 2本

玉ねぎ … ½個

牛乳 … 200㎖

パセリの葉(みじん切り) … 少々

塩・オリーブオイル … 各適量

下準備

・玉ねぎは繊維にそって薄切り
　にする。

とうもろこしは2～3等分の長さ
に切り、実を包丁で削ぎ落とす。

残った芯を鍋に入れ、水500㎖
を加えて強火にかける。沸いたら
アクを取り、弱火でしばらく煮る。

芯にもとうもろこしらしい香りがたっぷり
と含まれています。それを煮出してもれ
なくスープに生かします。

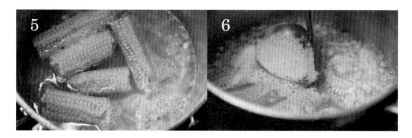

4を**2**に加え、水250㎖を足して
強火にかける。

沸いたらアクを取る。

9をボウルに移し、氷水に当ててへらで
混ぜながら冷やす。温製にする場合は、
鍋に移して温める。

3
鍋にオイルを熱し、玉ねぎを弱火でしんなりするまでじっくり炒める。

4

3にとうもろこしの実を加え、塩少々をふり、つやと透明感が出るまでさらに炒める。

弱めの火加減で色づけずに炒め、甘みを引き出します。焦げそうになったら火から外し、絶えず混ぜながら炒めましょう。

7
弱火にして40分ほど煮る。途中、煮詰まったら水を足す。

ふたをせず、沸かさずに静かに煮続けることで実のうまみを引き出します。

8
芯を取り除く。

9
実を¼ほど取り分け、残りをミキサーで撹はんしてなめらかなペースト状にする。塩で軽く味をととのえる。

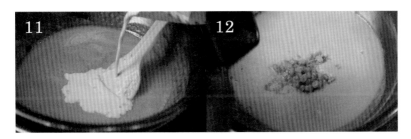

11
牛乳を加えて溶きのばし、味をみて濃ければ水を足し、塩で味をととのえる。

12
取り分けておいた実を混ぜる。器に盛り、みじん切りにしたパセリをのせる。

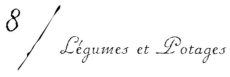

Légumes et Potages

あさりと根菜のミネストローネ

ミネストローネはイタリアの料理ですが、よく似たスープは
世界中にあり、もはや国籍をもたないメニューになっているように
思います。ですので、入れる具材も定番に縛られることはありません。
ここに紹介するレシピで欠かせないのは、あさり、香味野菜
（長ねぎ、にんじん、セロリ）、きのこ（エリンギ）、大豆です。
これらの自然なうまみと香りがだしとなり、
ほっとするようなやさしい味にまとまります。
仕上げにバジルオイルをかけて、さわやかな香りをプラスしましょう。

9 / *Légumes et Potages*

オニオングラタンスープ

キャラメル色に炒めた玉ねぎはとろりと甘く、スープは濃厚。
スライスしたバゲットとたっぷりのチーズをのせてあるから、
食べごたえも十分。体が芯から温まるこのスープは、
パリのカフェやビストロのスタンダードメニューになっていますが、
もとはフランス南東部の食の都、リヨンの郷土料理です。
料理店では鶏のブイヨンを使いますが、玉ねぎのコクがあるので、
家庭では鶏ガラスープの素で十分です。玉ねぎを焦がさないように、
キャラメル色に炒めさえすれば、だれにでもおいしくつくれます。

あさりと根菜のミネストローネ

材料（2～3人分）
あさり（砂抜きずみ）… 16個
大根 … 50g
にんじん … 50g
セロリ … 50g
長ねぎ … 50g
エリンギ … 50g
大豆の水煮（または蒸し煮）… 50g
白ワイン … 100㎖
バジルオイル（右下）… 適量
塩・オリーブオイル … 各適量

下準備
・大根、にんじん、セロリ、長ねぎ、エリンギは5㎜角に切る。

あさりは殻をこすり合わせてよく洗い、白ワインとともに鍋に入れふたをして中火にかける。殻が開くまで蒸し煮にする。

鍋にオイル大さじ1を熱し、大根、にんじん、セロリを入れ、塩少々をふって中火で炒める。透明感が出てきたら長ねぎとエリンギを加えてしんなりするまで炒め、大豆を加えてさっと炒める。

野菜には塩をふってそれぞれの味とうまみを引き出し、煮崩れない程度に火を通して歯ごたえを残します。

水500㎖を加え、10分弱煮る。

<u>3</u>に<u>1</u>の貝と蒸し煮汁を加え、塩で味をととのえる。器に盛り、バジルオイルをたらす。

このスープにはバジルオイルが欠かせません。さわやかな香りが加わることで、スープの味がまとまります。

petite colonne

バジルオイルについて

スープやサラダのほか、鶏肉やラム肉などにもよく合います。量が少なく、通常サイズのミキサーでは撹はんできないため、ミルミキサーがなければすり鉢を使ってもよいでしょう。

材料（つくりやすい分量）
ミルミキサー（小型ミキサー）にバジルの葉1パック分（15g）を入れ、オリーブオイル45gを少量ずつ加えながら撹はんしてペースト状にする。
＊冷蔵なら3～4日、冷凍なら2週間ほど保存可能。緑色が鮮やかなうちに使いきること。

オニオングラタンスープ

材料（4人分）
玉ねぎ … 2個
鶏ガラスープの素（顆粒）… 大さじ1
タイム … 4枝
ローリエ … 1枚
フランスパン（薄切り）… 8枚
チーズ（シュレッド・あればグリュイエール）… 適量
塩・こしょう・オリーブオイル … 各適量

下準備
・玉ねぎは繊維にそって薄切りにする。

1 大きな鍋にオイル大さじ1を熱し、玉ねぎを入れて塩少々をふり、弱めの中火で炒める。

2 キャラメル色になるまでじっくりと炒める。

玉ねぎを甘く香ばしく炒めるほど、スープの味が深まります。

3 水800mℓを加えて強火で煮る。沸いたらアクを取る。

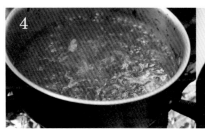
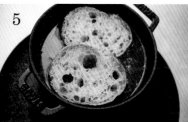

4 鶏ガラスープの素、タイム、ローリエを加え、塩で味をととのえる。弱火で15分ほど煮る。

5 耐熱容器に分け入れ、フランスパンを2枚ずつのせる。

6 チーズをのせ、220℃のオーブンで10〜15分焼く。グツグツと煮立って、表面が香ばしく色づいたらでき上がり。

ほうれん草とめかじきのキッシュ

キッシュはフランス北東部のアルザスやロレーヌ地方の郷土料理で、
パート・ブリゼという小麦粉生地の中に、野菜やベーコンなどの具材と
生クリームたっぷりの卵生地を流し入れて焼き上げます。
ここに紹介するのは、僕の店の賄いでよくつくるアレンジバージョン。
店では端切れとして残った、層がつぶれ気味のパイ生地を使いますが、
ご家庭でなら、市販の冷凍パイシートを使うと生地づくりの手間が省けます。
おいしさのポイントは、卵生地の中心をフルフルのやわらかさに
焼き上げること。ぜひ、温かさが残るうちに味わってみてください。
具材はサーモン、鯛などの白身魚、ツナ、えび、ほたて、鶏肉、
ハムやベーコン、夏野菜、長ねぎなど、お好みの組み合わせで楽しめます。

材料（直径17.5cmのタルト型1台分）

ほうれん草 … 70g

めかじき（切り身）… 100g

玉ねぎ … 90g

卵液

　卵 … 1個

　卵黄 … 1個分

　生クリーム（乳脂肪分47%）

　　… 90g

　牛乳 … 90g

冷凍パイシート*

　… 15cm四方1枚（150g）

バター（型用）・打ち粉（小麦粉）

　… 各適量

卵黄（生地塗り用）… 適量

塩・オリーブオイル … 各適量

*冷凍パイシートは、あれば小麦粉、バター、塩を原料とするものを使う。

下準備

・冷凍パイシートは冷蔵庫で解凍する。

・タルト型（底が抜けるタイプ）にバターを薄く塗り、小麦粉をまんべんなくふり、型を逆さにして余分な粉をはたき落とし、冷蔵庫で冷やしておく。

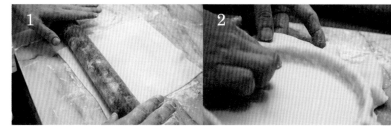

パイを焼く

パイシートに打ち粉をふり、めん棒で型よりもひとまわり大きく（約21cm四方）のばす。

準備した型に生地をのせ、たるませて底、角の隅々までしっかりと敷き込む。

重しとアルミホイルを外し、溶いた卵黄をはけでパイの内側全体に塗る。

卵黄を塗ることで、このあと卵液を流し入れたときに生地にしみ込んだり、すき間からもれ出したりするのを防ぎます。

めかじきは1cm角に切って塩をふる。ほうれん草はざく切りにし、玉ねぎは繊維にそって薄切りにする。めかじきから水分が出たら、ペーパータオルで拭き取る。

6のパイ皮の中に**10**を入れる。

具が均等になるように広げ、平らにならす。

卵液は焼くと膨らみます。焼成中にあふれると焦げてしまうので、縁より少し低く流します。

型の側面にもすき間なくはりつけ、型の縁の上にもかぶせ、外側にはみ出した分を切り取る。

焼くと生地が縮んで下がるため、縁の上まで盛り上げておきます。余った生地は冷凍保存して再利用できます。

底の生地全体にフォークで穴を開ける。乾燥しないようにポリ袋などに入れて冷蔵庫で30分ほど休ませる。

アルミホイルを敷いて重し（写真は塩）をたっぷりと詰める。天板にのせ、170℃のオーブンで30分ほど焼く。ときどき様子を見て生地が焦げないようにする。

重しはタルトストーン、乾物の豆や米などでもOK。

フライパンにオイル大さじ1を熱し、玉ねぎを中火でしんなりするまで炒める。めかじきを加えてさっと炒め、ほうれん草の茎、葉の順に加えて、玉ねぎとほうれん草には塩をふって炒める。ボウルに移し、粗熱を取る。

ボウルに卵と卵黄を入れて泡立て器でほぐしてコシを切り、生クリーム、牛乳を加えて混ぜ、塩少々で下味をつける。ざるに通して卵白のコシを除く。

粗熱の取れた<u>8</u>に<u>9</u>を加えて混ぜ合わせる。

200℃のオーブンで15分ほど焼く。触れる程度に冷めたら、型からそっと抜いて切り分ける。

卵液の中心が完全に焼き固まらず、プリンのようにフルフルとする程度に火を通します。焼きたては卵液が盛り上がっていますが、冷めると下がります。

なすのタルティーヌ

スライスパンの上に具材をのせるオープンサンドをフランスでは
"タルティーヌ tartine"と呼びます。のせる具材はどんなものでもよく、
数種類の野菜にゆで卵、ツナサラダを盛り合わせると、
彩りが美しいうえに食べごたえも出て、スープを添えると
おもてなしの軽いランチになります。ここで紹介するタルティーヌで
重要な役目を果たしているのが、フランス語で"caviar de aubergine"と
呼ばれる、とろりと濃厚な味わいのなすのピューレ。
種のプチプチした食感や味の濃厚さが、キャビアにたとえられるゆえんです。

材料(4人分)

なす … 5本

にんにく … 2かけ

タイム … 5枝

卵 … 3個

ミニトマト … 4個

ツナのオイル漬け(缶詰) … 小1缶(70g)

マヨネーズ … 25g

パン・ド・カンパーニュ(スライス) … 4枚

ベビーリーフ … 適量

塩・オリーブオイル … 各適量

下準備

・なす4本は縦半分に切り、実側に格子状に切り目を入れる。1本は縦半分に切って7〜8mm厚さの半月切りにする。

・にんにくは縦半分に切って芯を取る。

・卵は冷たい状態のものを沸騰した湯で8分ゆでる。流水で冷まし、殻をむく。

1

なすのピューレをつくる
フライパンにオイル大さじ3を熱し、縦半分に切ったなすの断面を下にして並べ入れ、ふたをして弱火で蒸し焼きにする。焼き色がついたら返し、にんにく、タイムを加え、ふたをして15〜20分加熱する。

2

なすの粗熱が取れたら、スプーンで身を取り出す。

身を取り出すときに出た汁も取っておいて、次の工程で一緒に混ぜます。

3

包丁で細かくたたいてボウルに入れ、オイル10g、塩2つまみを加えて混ぜる。

ここで加えるオイルの香りが味の決め手になります。風味のよいエクストラバージンオリーブオイルを使ってください。

4

フライパンにオイル大さじ2を熱し、残りのなすを入れ、途中で塩少々をふって両面を強〜中火でソテーする。ツナはオイルをきってマヨネーズであえる。ゆで卵とミニトマトは縦4等分に切る。

5

パン・ド・カンパーニュはトーストし、器にのせる。その上に、なすのピューレとツナのマヨネーズあえを、ところどころに適量ずつのせる。

6

なすのソテー、ゆで卵、ミニトマト、ベビーリーフを彩りよくのせる。

僕が毎年フランスに行く理由

　毎年、夏になると、店を10日間閉めてフランスに行きます。目的は2つ。フランスの星付きレストランの厨房で働くこと。そして、ブルゴーニュ地方のワイナリー巡りをすることです。

　「ル・ブルギニオン」をオープンして20年になりますが、オーナーシェフになると他の店の厨房に入ることも、人から教わる機会もなくなり、常に決断を求められる立場に立たされます。がむしゃらに働き続けて3年がたったころ、自分が空っぽになるような危機感をおぼえ、さらなる研鑽を積むべくフランス通いを始めました。

　フランスのトップレストランのシェフたちは皆厳しく、厨房は過酷です。毎年異なる研修先では僕も若い見習いたちに交じって、シェフに怒鳴られながら朝から晩まで働きます。体力的にかなりきついですが、そんな中で

も最先端の調理法、素材の新しい解釈、効率的な店のまわし方や人の使い方などを吸収して、刺激を受けています。

　レストランでの研修を終えるとブルゴーニュ地方に移動し、ワイナリーを巡って古くからの友人であるつくり手たちに会い、ワインをテイスティングして買い付け、ともに食卓を囲みます。20代にこの地で修業して以来、ブルゴーニュは僕にとって特別な土地です。店の名前を「ル・ブルギニオン」としたのも、その思いがあるから。修業先の定休日のたびに自転車で方々のワイナリーを回ったことを今でも思い出します。料理とワインのどちらを仕事にするか悩んだほど、この地のワイン、そしてワインのつくり手たちに魅せられ、いまだに彼らとのつき合いが続いています。

part 4

デザート

Desserts

食事の印象を決めるのは最後の一皿と言われるほど、
デザートは食べた人の心に残ります。
身近な材料で無理なくつくれて、強く心に刻まれる、
僕の自慢のデザートを5品紹介します。
料理をたくさん食べた後でもするりとおなかにおさまる、
口溶けのよいものばかりです。

赤ピーマンのプリン

店のオープン時からメニューにのせ続けている僕の定番デザートです。

料理名は「ピーマン」ですが、使っているのはパプリカ。

パプリカが一般の人に知られていなかった20年以上前に、

お客さまにイメージしてもらいやすいよう「ピーマン」と名づけ、

そのまま変えていません。野菜のプリン？ と不思議に思うかもしれませんが、

食べれば納得していただけるはず。

肉厚なパプリカを真っ黒に焦げるまで直火焼きにして皮をむくと、

とびきり甘く、ジューシーになり、まるで完熟のフルーツのよう。

ほろ苦いキャラメルソースとの相性が抜群です。

バニラアイスクリームを盛り合わせて召し上がってはいかがでしょう。

材料（口径8cm×高さ4cmの
プリン型6個分）

赤パプリカ（熟したもの）… 2個

牛乳 … 適量

卵 … 2個

卵黄 … 1個分

グラニュー糖 … 60g

生クリーム（乳脂肪分47%）… 75g

キャラメルソース

┃ グラニュー糖 … 100g

┃ 水 … 25g

バニラアイスクリーム … 適量

ミント … 適量

1 パプリカは丸のまま、直火で真っ黒になるまで焼く。

表面の皮全体が黒く焦げるまで焼くことで甘みが増します。トングでときどき向きを変えてまんべんなく焼きましょう。

2 氷水に浸して冷まし、流水で洗い流しながら皮をむく。

6 ミキサーで撹はんする。

7 こし器でこす。こしにくければゴムべらで押し出す。牛乳を足して200gにする。

11 濃い焦げ茶色になって香ばしい香りが立ったら、火から外して残りの水を加え、鍋をゆすって溶かす。

黒焦げになる一歩手前まで焦がすと苦みのあるおいしいキャラメルソースになります。水を加えるときにははねることがあるのでやけどに注意しましょう。

12 深さのあるバットに布巾やペーパータオルを敷き、プリン型を並べ、型に**11**を分け入れる。固まるまでそのままおく。

3 縦4等分に切り、種やワタを取り除く。

4 5mm幅の斜め切りにして鍋に入れ、牛乳をひたひたに加える。ふたをして弱めの中火にかけ、沸騰したらふたを取り、ごく弱火で20分煮る。

5 煮上がり。牛乳にパプリカの色が移っている。

8 別のボウルに卵、卵黄を入れ、泡立て器で溶きほぐし、グラニュー糖を加えてむらなくすり混ぜる。ここに**7**を加えて混ぜる。

9 生クリームを加えて混ぜ合わせ、冷蔵庫で半日ねかせる。

ねかせることで材料同士の風味が完全になじんで味がまとまります。

10 **キャラメルソースをつくる**
鍋にグラニュー糖、半量の水を入れ、中火にかけて沸かし続ける。

13 キャラメルソースの上に**9**を注ぎ入れる。

14 バットに型の六分目まで熱湯を入れる。170℃のオーブンで50〜60分湯せん焼きにする。バットから取り出して粗熱を取り、冷蔵庫で1日冷やす。

15 型にそってペティナイフをぐるりと入れ、プリンをはがす。型の底を熱湯に浸してキャラメルソースを溶かし、よく冷やした皿に伏せて取り出す。アイスクリームを丸くすくって添え、ミントを飾る。

ムース・オ・ショコラ

フランス家庭のふだんの食事は、意外にも質素です。調理に時間をかけず、
ごくかんたんなスープやサラダだけ、なんてこともめずらしくありません。
でも週末の昼には、デザートまでしっかりと手づくりして、
家族全員で食卓を囲みます。ムース・オ・ショコラは、
そんな週末ランチの定番デザートです。ここに紹介する僕のレシピは、
修業時代に働いていたレストランで教わったクラシックなタイプ。
溶かしバターを加えて仕上げるので、ムースとはいえ重量感があり、
ねっとりと濃厚です。味を左右するのは、チョコレートの質とタイプ。
上質で、ミルクの入っていないビターチョコレートを使うと、
口溶けのよい、大人向けのほろ苦い仕上がりになります。

材料（約4人分）

ビターチョコレート（カカオ分66%程度）
　　… 110g
牛乳 … 85g
生クリーム（乳脂肪分47%）… 85g
卵 … 1個
グラニュー糖 … 40g+5g
バター … 40g
ミント … 適量

下準備
・卵は卵黄と卵白に分ける。
・バターは湯せんで溶かす。

チョコレートは7〜8mm角に刻み、ボウルに入れる。

牛乳、生クリームを鍋に入れ、沸騰直前まで温める。

泡立て器でしっかりとすり混ぜる。

卵黄に砂糖を溶かしてしっかりと空気を含ませておくと、熱いチョコレート液と合わせても卵が固まりません。

6が白っぽくなったら、粗熱が取れた**4**のチョコレート液を加えてむらなく混ぜる。

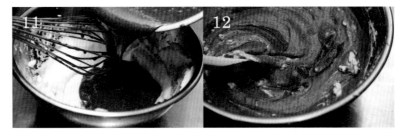

10を残りのメレンゲに加える。

ゴムべらで気泡をつぶさないように混ぜる。

底からすくって上にのせることを、ボウルを少しずつ回転させながら行い、手早く混ぜます。

3
1に**2**を少量ずつ加えていく。

4
泡立て器で混ぜ合わせ、粗熱を取る。

チョコレートの溶け残りがないよう、完全に溶かします。

5
別のボウルに卵黄を入れ、グラニュー糖40gを加える。

8
メレンゲをつくる。別のボウルに卵白を入れ、泡立て器でしっかりとほぐし、少し泡立ててからグラニュー糖5gを加える。

9
角がぴんと立つまでしっかりと泡立てる。

10
9のメレンゲの¼量を**7**に加え、泡立て器でむらなく混ぜる。

気泡がつぶれることは気にせずに、完全に混ぜましょう。

13
溶かしバターをへらで受けて加え、**12**と同じ要領で混ぜる。

溶かしバターは重く、そのまま注ぐと底に沈んで混ざりにくいので、へらで受けて分散させます。

14
深さのある保存容器に流し入れ、ラップをかけて冷蔵庫で半日冷やす。

卵に完全に火を通していないので、保存は冷蔵で2日くらいです。

15
熱湯でさっと温めたスープスプーンでムースをラグビーボール形にすくい取り、よく冷やした器に盛り、ミントを添える。

桃のコンポート

桃の季節には店のメニューに必ずのせる、僕の大好きなデザートです。

オレンジとレモンの果汁をたっぷり使い、

ベルベーヌを香らせたシロップで桃をコンポートにします。

とろんと煮えた桃はうっとりするようなおいしさで、

その下に隠れているバニラアイスクリームとの相性が抜群です。

桃の皮の色が溶け出した美しい色合いのシロップにも、

奥深い味わいがあります。余すことなく冷やし固めて、

グラニテにして盛り合わせましょう。

クレーム・ダンジュ

やさしい酸味が特徴のフランス産フレッシュチーズ、
フロマージュブランでつくるチーズムースです。
ガーゼなどに包んで水分をきって仕上げるのが一般的なつくり方ですが、
あるとき、大先輩のレストランで水分を抜かないこのスタイルに出合い、
混ぜたてのフレッシュなうまさに感激しました。ご家庭でつくるなら、
ぜひ水分をきらないこのスタイルでつくって召し上がってみてください。
みずみずしくてなめらかで、やさしい口あたりの唯一無二のおいしさ。
深い色合いの甘酸っぱいベリーソースがベストコンビネーションです。

桃のコンポート

材料（6人分／つくりやすい分量）

桃（熟したもの） … 3個
オレンジ … 1個
レモン … 1個
グラニュー糖 … 300g
ベルベーヌ＊（ドライ） … 3g

バニラアイスクリーム … 適量
ミント … 適量

＊レモンバーベナのフランス語名。レモンの香りをよりさわやかに、華やかにしたようなハーブ。ハーブティー用のドライが市販されている。なければ、風味は変わるがドライミントで代用する。

下準備

・オレンジ、レモンはよく洗って皮を薄くむき、内側の白い部分を取り除く。果肉からは果汁を搾り取る。

1
鍋に湯をたっぷり沸かし、桃をお玉にのせて30秒ほど沈める。引き上げてすぐに氷水に浸し、余熱が取れたらペティナイフで皮の1か所に切り目を入れ、そこからはがしてむき取る。皮は取り置く。

2
鍋に水1ℓ、グラニュー糖、オレンジとレモンの皮と果汁を入れて強火にかけ、沸いたらアクを取る。

鍋は桃3個がちょうど入るくらいの大きさ、深さのものを使ってください。大きすぎるとシロップの量が足りなくなり、桃が浸りません。

3
桃の皮、ベルベーヌ、桃を加える。オーブンシートを鍋のサイズに丸く切って中央に丸く穴をあけ、落としぶた代わりにのせ、弱火で20〜30分煮る。途中でときどき桃の上下を返す。

桃の皮を加えてその香りとピンク色の色素を桃やシロップに移します。

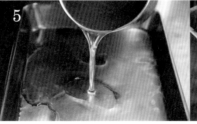

4
そのまま粗熱を取り、桃を保存容器に移す。ひたひたにシロップを入れ、表面にペーパータオルをかけて冷蔵庫で1日おく。

冷蔵で3日保存できます。

5
残りのシロップをこしてバットに流し、冷凍庫で凍らせる。

桃の香りと色が移った、美しいピンク色のシロップをグラニテにし、コンポートと一緒に盛りつけます。

6
<u>5</u>をフォークでかいてグラニテにし、冷やした器に盛る。バニラアイスクリームを丸くすくって中央にのせ、<u>4</u>の桃を半分に切ってかぶせる。上にもグラニテを少量のせ、ミントを飾る。

クレーム・ダンジュ

材料(約4人分)

フロマージュブラン … 100g

生クリーム(乳脂肪分47%) … 100g

卵白 … 40g

グラニュー糖 … 20g+20g

ベリーソース(右下) … 適量

ブルーベリー … 適量

ラズベリー … 適量

下準備

・フロマージュブラン、生クリーム、卵白は冷蔵庫でよく冷やしておく。

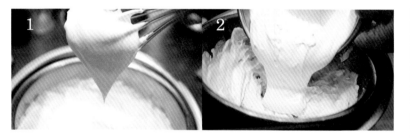

氷水に当てたボウルに生クリームを入れ、泡立てる。もったりしてきたら、グラニュー糖20gを3回に分けて加え、七分立てにする。

生クリームはボウルも含めてよく冷やすと泡立ちやすくなります。

1の一部をフロマージュブランとよく混ぜ合わせ、それを残りの**1**に加える。ゴムべらで切るように混ぜ合わせる。冷蔵庫でよく冷やしておく。

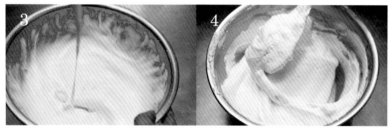

別のボウルに卵白を入れて泡立て器でほぐしてコシを切り、泡立てる。写真のように軽く泡立ってきたら、グラニュー糖20gを3回に分けて加え、角が立つまで泡立て、メレンゲにする。

3のメレンゲの半量を**2**に加えてむらなく混ぜ合わせる。残りのメレンゲを2回に分けて加え、その都度ゴムべらで切るように混ぜる。大きなスプーンですくって冷やした器に盛り、ベリーソースを流し、ブルーベリー、ラズベリーを添える。

最後はクリームとメレンゲの気泡をつぶさないように、ゴムべらで切るように混ぜます。

petite colonne

ベリーソースについて

2種類のベリーでつくる甘酸っぱいソース。ベリーは冷凍品でもよく、その場合は解凍時に出た果汁も加えましょう。シロップの量を加減することで甘さを調節できます。アイスクリームやヨーグルトにも合います。

材料(約4人分)

シロップ
| 水 … 10g
| グラニュー糖 … 10g
ブルーベリー … 50g
ラズベリー … 50g

❶シロップをつくる。小鍋にグラニュー糖と水を入れて中火にかけ、砂糖を完全に煮溶かす。

❷ミキサーに完全に冷めた①と2種のベリーを入れ、なめらかなソース状になるまで撹はんする。

＊冷蔵庫で1週間ほど保存可能。

バナナのキャラメリゼ

"キャラメリゼ caraméliser" とは、砂糖などの糖類を高温に熱して、
甘苦いキャラメル状に焦がす調理法のこと。このデザートでは、
キャラメルでバナナを包み込むようにソテーして、
ラム酒とバターの風味を重ねてリッチに仕上げ、できたての熱々を
冷たいアイスクリームとともに召し上がっていただきます。
ラム酒の代わりに、ブランデー、洋梨などの蒸留酒、ウィスキーなどを
使ってもよいでしょう。ただし、いずれもアルコール度数が高く、
加熱中に加えると炎が高く上がるので、火から下ろして注意して加えましょう。

材料（2人分）

バナナ … 2本

キャラメルソース

  グラニュー糖 … 35g

  ラム酒 … 45g

  水 … 50〜55mℓ

  バター … 15g

バニラアイスクリーム … 適量

1 フライパンにグラニュー糖をまんべんなく敷き詰め、中火にかける。

2 グラニュー糖が茶色く色づいてキャラメル状になったら、皮をむいたバナナを入れてソテーし、キャラメルをからめる。

バナナが焦げつかないようときどき鍋をゆすり、下側が色づいたら上下を返します。

3 キャラメルが全体にからんだら、いったん火から外してラム酒を加える。

火にかけたままラム酒を加えると炎が上がるので、火を消しましょう。

4 弱火にかけてアルコール分をとばす。

5 水を加え、鍋肌についたキャラメルを溶かす。

6 バターを加えてキャラメルに混ぜ込み、バナナにからめる。器に盛ってキャラメルソースをかけ、アイスクリームを添える。

菊地美升
Yoshinaru Kikuchi

1966年北海道函館市生まれ。辻調理師専門学校卒業後、「オー・シザーブル」「クラブNYX」での修業を経て、25歳で渡仏。リヨン、モンペリエ、ブルゴーニュなどの星付きレストランで4年半研鑽を積み、帰国後2000年にフレンチレストラン「ル・ブルギニオン」をオープン。クラシックをベースに自らの感性を重ねて表現する、親しみやすくて誰にもやさしい料理は、フランス料理のビギナーから食通、外国人にまで広く支持されている。開店から20年を経てもなお、食べる喜びとワクワク感を感じさせることのできる、東京屈指の名店。

ル・ブルギニオン
東京都港区西麻布3−3−1
03-5772-6244
水曜・第2火曜定休
https://le-bourguignon.jp

デザイン　遠矢良一（Armchair Travel）
撮影　木村 拓（東京料理写真）
取材・文　美濃越かおる
調理アシスタント　中野雄介
校正　安久都淳子
DTP制作　天龍社
編集　広谷綾子

一流シェフが教える
家庭でおいしくできる
はじめてのフレンチ

2020年3月20日　第1版発行
2022年10月20日　第3版発行

著　者　菊地美升
発行者　河地尚之
発行所　一般社団法人　家の光協会
　　　　〒162-8448　東京都新宿区市谷船河原町11
　　　　電話　03-3266-9029（販売）
　　　　　　　03-3266-9028（編集）
　　　　振替　00150-1-4724
印刷・製本　図書印刷株式会社